ミャンマー金融道

ゼロから「信用」をつくった日本人銀行員の3105日

泉賢一
Izumi Kenichi

河出新書
044

はじめに

本書は、二〇一三年に突然ミャンマーでのプロジェクトを任されることになった、元銀行員の八年間の活動を綴った物語だ。その男は、やがてミャンマーの地場銀行でCOO（Chief Operating Officer）を務めることになる。

ご承知のように、ミャンマーは二〇二一年現在、国軍のクーデターによって混乱の真っ只中にある。だが、二〇一三年当時のミャンマーは、民主化と経済開放に舵を切り始めた時期であり、「最後のフロンティア」として世界中から注目が集まっていた。

一九四八年に英国から独立したミャンマー（当時はビルマ連邦）は、六二年の軍事クーデター以来、約半世紀にわたって軍政が続いた。とくに、一九六二年から八八年までの二六年間は、軍の強い権限のもとで社会主義路線が採用されている。

クーデター後のミャンマーは、まずすべての民間銀行を国営化し、続いて単一の銀行であるビルマ連邦人民銀行に統合した。いわゆるモノバンク制と呼ばれる時代に突入したのである。

その約一〇年後の一九七六年には、このビルマ連邦人民銀行が分割再編され、中央銀行と三つの国営銀行（経済銀行・外国貿易銀行・農業銀行）と国営保険公社が誕生した。しかし、経済政策の失敗でインフレが急伸し、一九八七年に三度目となる廃貨令（流通している貨幣を突然使用不可とする法律）を発するなど社会は大混乱となり、ついには一九八八年の民主化デモにより社会主義政権は崩壊した。

いったんは民主化の兆しが見えたが、すぐに国軍が軍事独裁政権を樹立する。不安定な軍政のもとで、二〇〇三年には、最大手アジア・ウェルス銀行（ＡＷＢ）の取り付け騒ぎが起こるなど社会経済は大変なダメージを受けた。その結果、国民は金融システムどころか、自国の通貨すら信用できなくなったのである。

ミャンマー国民は、長らく続く欧米からの経済制裁で疲弊していた。止めを刺したのが二〇〇八年にベンガル湾で発生したサイクロン・ナルギスによる甚大な被害である。とくにミャンマー南部の一番の都市であるヤンゴンは低湿地帯であり、近隣地域を含めて一〇万人以上が亡くなったと言われている。

二〇一一年に大統領となった国軍序列四番目のテイン・セイン氏は、もはやこの状況を打開するには民主化へ舵を切り、国際協力を得ることが必須と考え、軍による力で抑える政治は大きな潮目を迎えることになる。それと同時に金融セクターも大きく変わろうとしていた。

私が初めてミャンマーの地に降り立ったのは、半世紀にもおよぶ以上のような停滞期からこの国が離陸しようとしていた時期だった。

＊

くわしくは本文で語っていくが、私は、半ば偶然の采配で、ミャンマーで中小企業融資や住宅ローンの仕組みを構築するミッションを担うことになった。こうまとめてしまうと、それほど大変なミッションではないように思われそうだが、実際は暗闇のなかでトンネルを掘り進めるような仕事だった。

なにせミャンマーの人たちは、銀行を信じていない。二〇一三年の国連調査では、銀行口座を持っている成人は全体の五％未満である。銀行に口座がないのだから、「お金を借りる」という発想がほとんどない。融資を円滑に実行していくための法や制度もない。

ないない尽くしのなかで、ゼロから中小企業や個人への融資の仕組みをつくらなければならない。それは、国家レベルの法や制度を構想することにほかならない。

誤解のないように言っておくと、私のミッションは、当時所属先の三井住友銀行には何の利益も生み出さないものだった。私の肩書は時期によって異なるが、そのミッションは広くいえば、「日本からのミャンマーへの援助」に位置づけられるものだ。

この任務を通じて、ＯＤＡ（政府開発援助）をはじめとした海外援助には、さまざまな思惑が働いていることを実感した。日本でＯＤＡといえばＪＩＣＡ（国際協力機構）による貧困支援や発展途上国のインフラ整備などへの協力をまずは思い浮かべるが、他国にも同様のミッションを担う団体は数多くあり、そこでは国対国の競合も生じる。また、一国が実施する支援スキームであっても、政治や民間同士の思惑が複雑にからむことが多い。ミャンマーでも、現地のニーズに寄り添おうとせず、頭ごなしにグローバル・スタンダードを押し付けようとする国際機関の関係者たちに加え、それらのアドバイスを何の議論もせずに鵜呑みにするミャンマー政府関係者たちの姿をしばしば見かけることになった。

私自身は一貫して「ミャンマーの発展のため」と思って働き続けた。金融は、経済活動の「血液」にたとえられる。新しいビジネスを興したい、ビジネスを拡げたいと思っても、お金を借りる仕組みがなければ頓挫してしまう。金融機関から融資を受けた事業者が利益を生み、その利益が預金となって金融機関に預け入れられる。それを元手にまた銀行は、別の事業者に資金を融資する。そういう好循環が成立すると、国の経済は発展していくのである。

民主化以前のミャンマー経済には、ほとんど血液が流れていなかった。そこに血液を流すためには、法や制度の整備は不可欠だが、それは必要条件であって十分条件ではない。制度は、それを利用する人がいなければ宝の持ち腐れである。私はミャンマー中をめぐり歩いて、さまざまな事業者と膝を突き合わせ、新しい融資商品の仕組みや手続きの方法を説明していった。

*

ここで、簡単に自己紹介をしておこう。私は、一九九一年に旧太陽神戸三井銀行（現三井住友銀行）に入行し、個人取引、中小企業取引、大企業取引など、銀行マンとしてオーソドックスな業務を経験してきた。

なかでも、二〇〇一年に異動したビジネスオーナー営業部での業務はいまも強く印象に残っている。

ビジネスオーナー営業部とは、中小企業への融資を企画する部署である。この時期、日本の金融業界はバブル崩壊後の長引く景気後退により、中小企業経営者にとって金融サービスへのアクセスが非常に困難となっていた。銀行としてもそれを放置するわけにはいかない。当時の三井住友銀行の中で、中小企業融資活性化は最重要項目であり、ビジネスオーナー営業部はこの状況を改善するために、二〇〇一年の三井住友銀行発足と同時に新設された部署だった。

本文で取り扱う中小企業融資の基本となる話なので、少々くわしく説明することをお許し願いたい。

従来、中小企業融資の審査手法は、事業者が提出する財務諸表や不動産などの資産・担保状況、借り入れの有無などを、大企業に融資するのと同様の目線で分析し、融資の可否を検討するものだった。しかし二〇〇〇年前後の当時の状況にあって、従来型の審査手法では、ほぼすべての中小企業に対して「貸出し不可」もしくは「減額融資」といった結果しか回答できず、中小企業の都市銀行離れが進んでいった。

中小企業の「生き延びる力」を大企業と同様の方法で測ってしまうと、見逃すものも多い。そこで三井住友銀行は、中小企業の信用力やストレス耐性などをスコアリング化する方法を邦銀として初めて開発し、中小企業への融資を劇的に復活させたのである。

私の所属していた部署は、このスコアリングモデルを利用した融資の推進役だったこともあり、企業内ベンチャーのように新しい挑戦に取り組むことができた。私自身も、この新しいアプローチを導入するための説明資料を作成したほか、西日本各地の三〇拠点を担当して、勉強会や説明会に駆けずり回る忙しい日々を送ったことを覚えている。しかし、単純なスコアリングモデルのみでは解決できない事例が次々と現れ、「生身の」企業実態を理解することこそが銀行の役目であると最終的には認識させられたのである。そして、ここでの四年間の経験が、ミャンマーでのミッションへとつながっていくのである。

＊

大阪のビジネスオーナー営業部で四年間勤務した後に配属されたのは、公務法人営業部という東京の営業拠点であった。二〇〇六年のことである。同部の顧客は、独立行政法人や各種財団などの日本政府関係機関や自治体であり、これまで慣れ親しんできた民間の世界とはずいぶん勝手が違った。

この部署でＪＩＣＡやＪＯＧＭＥＣ（旧石油公団）など、海外への支援活動やビジネスに初めて触れることになったが、私自身が業務で英語を使うことはなかった。上海での視察研修に参加した際、先方の説明がすべて英語だったため、ほとんど理解できなかったほど、当時の英語力は拙いものだった。ＴＯＥＩＣでいえば、四〇〇点前後の英語力である。

英語を学びなおしたきっかけは、映画「ハゲタカ」だった。大森南朋演じる鷲津政彦がアラブの石油王と投資の交渉をしたときのことである。最初は通訳を介した会話だったが、突如、鷲津政彦が「俺は通訳と話をしにきたのではない！」と言って、アラビア語で話を始めるシーンがあった。

それを見て、外国語を習得すればこんなふうに仕事ができるのかと思い、一念発起して英語学習を始めた。なんとも単純な男である。

書店で手にとったＴＯＥＩＣ教材を購入し、一冊やり通した後も、繰り返し復習をした。勉強すればするほど、ＴＯＥＩＣの点数は上がっていき、二年ほどでコンスタントに八五〇点を獲得できるようになっていた。

＊

二〇一二年九月、オバマ大統領とミャンマーの野党、国民民主連盟（NLD）党首、アウンサンスーチー氏が、ホワイトハウスの大統領執務室で面会している様子が、テレビのニュースに映し出されていた。

画面を眺めながら、いつか自分もこういう世界的なイベントに関われるような仕事に携わることがあるかもしれないと、ぼんやり思ったことを覚えている。「事件」はそれから半年後に起こった。偶然にしては、できすぎている話だと私も思う。二〇一三年四月から、私はたったひとりでミャンマー版中小企業融資の仕組みをつくることになったのである。

目次

編集協力　斎藤哲也
図版作成　小野寺美恵

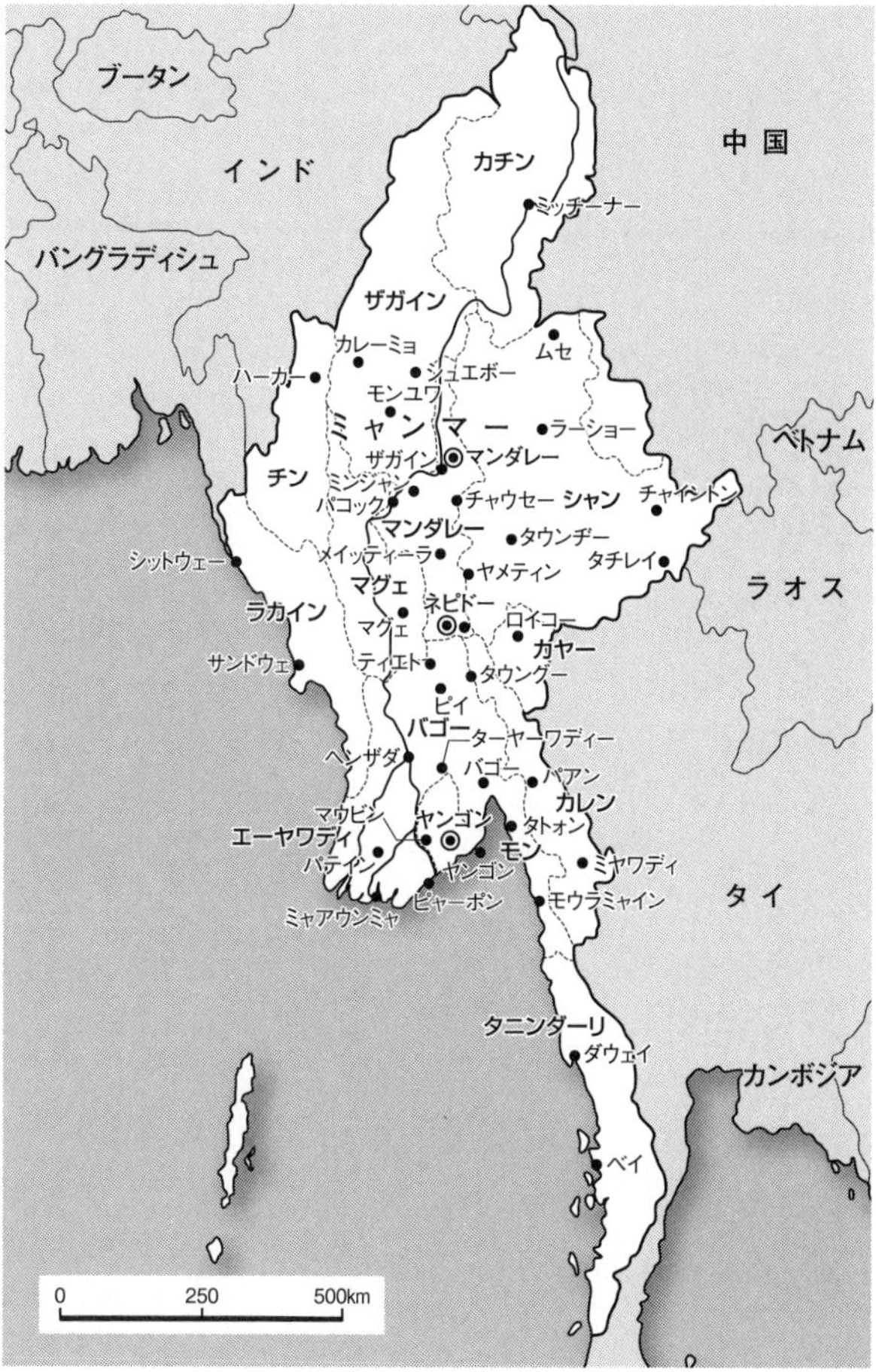

ミャンマー全図。●は、保険庁の支店のある町。◉は主要都市３か所。

第一章

「これから面白くなる」と言われたミャンマーへ

ヤンゴン中心部。
赴任した2013年頃から車の渋滞が増え始めた。
ヤンゴン中心部はバイクの乗り入れが
禁止されているため、
近隣諸国のようなバイク洪水にはなっていない。

突然の異動内示

二〇一三年三月二九日（金曜日）午後五時一五分、当時所属していた三井住友銀行公務法人営業部の部長から突然、部長室への呼び出しがかかった。ちょうど異動の辞令が出る時期だ。部下の異動についての連絡だろうか。あるいは、私自身の異動かもしれない。同じ営業部で九年目の勤務にさしかかろうとしていたことから、そろそろ異動になってもおかしくない時期だった。

そんなことを思いながら、部長室へ足を運んだ。だが、そこで耳にしたのはまったく予想もしなかった言葉だった。

「君の異動先は本店の法人マーケティング部だ。ただし、ミャンマーの金融政策に関わる仕事だと聞いている。詳細は次週人事部へ行って話を聞いてほしい」

ミャンマー？　一瞬、耳を疑った。一九九一年の入社以来、海外に赴任したことは一度もない。もちろん、ミャンマーに関係する業務など経験したことがない。なにかの間違いじゃないかと思い、部長にいくつか質問をしたが、答えは要領を得ない。おそらく特殊なミッションなのであろう。

日本からの距離すらおぼつかないほど、ミャンマーに関する知識は皆無だったので、翌日、東京駅前の丸善書店で『地球の歩き方 ミャンマー（ビルマ）』やミャンマーに関係する書物を購入し、ミャンマーの国土の形や文化などに初めて触れた。しかしこの時点ではまだ、自分がそこで働くことの実感はまったくなかった。

異動先である法人マーケティング部は、二〇〇一年から二〇〇五年まで私が勤務していた大阪のビジネスオーナー営業部が改組されてできた本店の部署であり、もっぱら国内の中小企業を担当する営業拠点を支援するのが業務の中心である。当然、ミャンマーとは何の関係もない。

謎は深まるばかりだ。辞令をもらった後、まず本店人事部に赴いて、着任の挨拶をした。すると、そこで国際統括部に行くように指示された。これは何かのロールプレイングゲームなのか。国際統括部は、海外拠点の統括部署である。そこで初めて、私に求められている「ミャンマーの仕事」の一端を知ることができた。

かいつまんで説明すると、こういうことであった。

三井住友銀行は、一九九六年にミャンマーで駐在員事務所を開設した。他行が事務所を閉鎖していくなか、本行は駐在を続け、二〇一二年に外国銀行としては初めて駐在所を「出張所」へと格上げした。といっても、そこでなにかビジネスをしていたわけではない。

当時、ミャンマーでは外国銀行には営業に関する免許が政府から与えられていなかったので、当面は関係強化やニーズの探索が出張所の主な目的である。

出張所は、ミャンマー政府や中央銀行と常にコンタクトを取り続け、情報収集を行った結果、あるニーズを聴取した。それは、ミャンマーが民主化する過程で必ず必要となる金融基盤を強化するために、同国の中小企業融資制度を確立したいということだった。ただ、同国にはそれを進めていくための知見がない。そこで、まずは勉強会を開催してほしいという要望があり、実際に開かれたという。さらにその勉強会を受けて、日本の中小企業融資の代名詞である「信用保証付き融資制度（Credit Guarantee Insurance：ＣＧＩ）」をミャンマーに立ち上げたい、ひいては誰かアドバイザーを三井住友銀行から派遣してほしいというリクエストがあったのだ。

「信用保証付き融資制度」については、後で説明するのでしばらく待っていただきたい。

とにもかくにも、その白羽の矢がなぜか私に立ったのである。

なぜ私がミャンマーに？

じつは、なぜこのプロジェクトに私が抜擢されたのかはいまだにわからない。

推察するに、中小企業融資のキャリアがあったことと、行内のTOEICテストでコンスタントに八〇〇点以上を取っていたため、そこそこの英語力があるように思われたこと、加えて誰かから手取り足取り細かい指示も受けずに遂行する業務なので、若手ではなく管理職クラスであること（当時、私は「次長」だった）など、いくつかの条件を重ねた人物像に、たまたま合致したのだろう。

だが、なぜミャンマーの仕事なのに、異動先は国内の法人マーケティングなのか。国際統括部によれば「中小企業融資については、国際部門では知見がないので、国内中小企業支援の部署である法人マーケティング部に在籍して情報収集してもらいたい。仕事の内容や進捗は国際部門の統括である我々が担当することになる」とのことだった。

簡単にいえば、国内・国際両部門のボスのもと、部門をまたいで仕事をすることになったのだ。宙ぶらりんなポジションであることを知り、厄介なことになったなと思いつつも、味方がたくさんいるのはよいことだとポジティブに考えることにした。

異動の真相を尋ねるロールプレイングゲームは、まだ終わりではなかった。この手のゲームでは、必ずラスボスが控えている。それが、当時、国際部門責任役員であった箕浦裕副頭取との面談だった。

ずっと国内畑で働いてきた私は、国際部門の副頭取と接する機会はまったくなかった。新しいプロジェクトに携わるとはいえ、一介の行員がなぜ副頭取に面談に行かねばならないのだろう。にわかには理解できなかったが、国際統括部からの指示に従い、副頭取室へと足を運んだ。そこに通じる廊下や秘書室などは、長年兵隊として勤務してきた私には無縁かつ未知の空間だった。

いくぶん緊張しながら部屋に入り、副頭取との面談が始まった。そこで、おぼろげながら少しずつ今回のミッションの全体像が見えてきた。

副頭取からまず「民主化が進むミャンマーでは、近い将来、外国銀行に対し支店開設が認められる可能性が高く、我々をアピールするうえで、このミッションは非常に重要であるから積極的に対応するように私が指示を出した」という説明があった。

先に述べたように、三井住友銀行のミャンマー駐在所は、二〇一二年に「出張所」へと格上げをした。その背景には、「はじめに」で述べたミャンマーの民主化があり、二〇一一年に誕生したテイン・セイン政権は、矢継ぎ早に民主化政策や経済改革政策を打ち出していた。このまま改革が進めば、軍事政権のもとで禁じられていた外国銀行にもやがて門戸が開放されるかもしれない。その際には、本行もいちはやく支店開設の認可を得たい。

折しもミャンマー側から、中小企業融資制度の整備を手伝ってほしいというニーズが本行に伝えられた。

中小企業融資制度の整備を支援することが、支店開設の認可に直接つながるものではないものの、ミャンマー政府と協力関係を築くことはその布石になる。そこで箕浦副頭取みずから陣頭指揮をとって、支援プロジェクトを動かそうとしていたのである。

この時点では、ミャンマー政府がいつ外国銀行に門戸を開くかはまったくわかっていない。副頭取も「五年、一〇年で考える中期的なスパンで、三井住友銀行への評価を高められればいいので、焦る必要はない」という認識だった。

「とにかく頑張ってほしいが、なにぶん未知の分野であるから、君がよいと思うことをどんどん実行してほしい」

この言葉を聞いて、私は俄然やる気になった。どんな業務になるかは、まったく見当がつかなかったが、長期戦にはなりそうだと腹をくくった。だが、この予想はのちにあっさりと裏切られることになる。出張してすぐに、私のミッションが超短期決戦であることを、ある人物から知らされることになるのだ。

たったひとりのプロジェクトチーム

晴れて二〇一三年四月一日から東京本店にある法人マーケティング部で勤務することになった。プロジェクトチームのメンバーは、私ひとりである。

異動前に、ミャンマーを統括するシンガポールの統括セクションから「自由にやってもらってかまわないが、今のところ、君のチーム（と言ってもひとりだが）の増員や、君の後任を誰か指名することは考えていない」とも言われた。

私の任務は、三井住友銀行が将来、ミャンマーから支店開設の認可を受けるための布石である。はっきり言って、銀行の利益にはまったく結びつかない。人員を増やせないのももっともだ。

これまでの銀行業務とはまったく異なる性格の業務であるため、誰からの指示もなければ、相談相手もほとんどいない。さて、これから何をしていけばいいのか。自身で想像をめぐらせて考える日々が始まった。

かつての同僚や部下に、私の新しい業務について報告すると、みな一様に驚いていた。「英語を話せるのか？」「ひとりで大丈夫なのか？」という心配の声もいただいた。

ミャンマーに関する予備知識はほとんどゼロ。何を調べたらよいのか、誰に聞いたらよいのか、わからないなかでも、毎日が過ぎていく。

下手な考え休むに似たり、である。とりあえず机の上で考えるのではなく、現地に行ってみよう。そこで各部の承認を取り付けて、最大商業都市であるヤンゴンにある出張所へ連絡した。ヤンゴン出張所は、日本人の所長とミャンマー人スタッフ三名、合計四名の小所帯である。「たったそれだけ?」と思われる読者もいるかもしれないが、当時、すべての外国銀行はミャンマー政府から営業活動に関するライセンスが与えられておらず、出張所はもっぱら情報収集の場であった。他の外国銀行の出張所などもみな小所帯だった。

出張所の日本人所長に連絡を取ったところ、所長は私の訪問を大変歓迎してくれた。しかし、自身は多忙を極めているので、ヤンゴンでどのような機関や会社・団体に会えばよいかなど、アポイントも含めすべてはミャンマー人スタッフとやりとりするように、という指示を受けた。

入行以来、国内業務しか経験してこなかった私は、それまで英文でメールを書いたことが一度もなかった。事前にミャンマー人スタッフとやりとりするには、英文のメールを書かなければならない。たった数行のメールであったが、それを考えるのに一時間程度もかかってしまった。そしてついに、私の英文メール第一号がミャンマー人スタッフに宛てて発信されることになった。

返信されてきたメールは、印刷すればA4用紙一ページくらいはあったと思う。しかし、書く時間に比して、英文の読解にはさほど時間がかからなかった。TOEICの試験勉強のおかげで、読解力はある程度身についていたのであろう。

問題は発信力である。英文メールのやりとりを通じて、自分には英語で発信する力がほとんどないことを痛感した。出張を目前に困ったことになったが、幸か不幸か思わぬアクシデントによって、少しだけ英語のコミュニケーション力をトレーニングする猶予が与えられることになった。

当初、出張は四月中旬の一週間程度を予定していたが、それが一か月先に延期となったのだ。ちょうど同期間に、安倍元総理をはじめとした政府・民間外交団が初めてミャンマーを視察することになったからである。現場の混乱が想定されることや、なによりヤンゴン出張所がその対応に追われることから、私の出張ごときではない事態になった。早く現地に行ってみたい気持ちはあったものの、英語力の補塡に一か月という時間が与えられたと思い、少々ほっとしたのも事実である。

それからの一か月間は、業務終了後夕方にほぼ毎日英会話学校に通った。土日も通ったおかげで、講師である外国人と会話をするシチュエーションには慣れることができた。講師は毎回違う先生がついてくれるのだが、私が英会話を勉強する目的を説明することからレッスンは始まる。そこで、ミャンマーのことを話すたびに、講師から「うらやましい。自分も行ってみたい」と言われたことが記憶に残っている。

初めての海外出張

一か月間の準備は瞬く間に過ぎ、いよいよ初めての海外出張である。コロナ禍以前には、成田－ヤンゴン間の直行便が毎日一往復飛んでおり、日本から約七時間でミャンマーに行くことができた。しかし、二〇一三年当時はまだ直行便が週三便しかなく、出張日程の関係で毎回、羽田－シンガポール（またはバンコク）での乗り換えを経て、日本とミャンマーを往復しなければならなかった。

最初の出張はシンガポール経由だった。トランジットの経験もない私は、シンガポール・チャンギ国際空港で口から心臓が出そうなくらいに緊張したことを記憶している。また、羽田－シンガポール間は搭乗者のほぼ全員が日本人であったが、シンガポールからヤンゴンへ向かう小型便には、日本人はおらず、当然ながらフライトアテンダントも外国人である。途中、軽食を配りに来たときには、明らかに発音が聞き取れた「フィッシュ」を選択した。隣の席の方は違うものを頼まれたようで、そちらのほうが美味しそうに見えた。本当にここから先、大丈夫かという不安がよぎる。

夕方、ヤンゴン国際空港に到着した。地上に降り立ったとたん、暑さに体が包まれる。国際空港といっても当時はまだ改修前の小さな空港で、ゲートは数か所しかなく、入国ロビーも飛行機一機分だけだった。そこに、人がごった返していた。空港内の空調はいま一つで、南国の亜熱帯地方独特の湿気を帯びたかび臭いにおいが漂ってくる。同時に、ついに来たというれしさがこみ上げてきた。

一歩、空港ゲートから出ると、「TAXI！」と声を張り上げながら、ものすごい数の運転手たちが乗車の勧誘に群がってくる。勝手にスーツケースを運び込もうとする人もいる。私は宿泊ホテルに送迎を依頼していたので、何とかその場を切り抜けた。

ホテルまでの道中、車窓から見えるクルマは、四〇年前に活躍していたトヨタ車がほとんどだった。塗装がさび付いたりしているが、丁寧に修理を繰り返し大切に使われているのを見て感動した。公共交通機関としては小型バスが主流であり、バスの車種はすべて「日野自動車製」だった。後から知ったことだが、これは日本がミャンマーに対し、戦後賠償の一環として、現地に組み立て工場とバスを寄贈した名残りのようだ。工場閉鎖後もバスだけは丁寧に根気よく修理され乗り継がれていた。ミャンマーでは、長期にわたる外国からの経済制裁と財政緊縮のため、自動車の輸入が禁じられ、制裁前に輸入された車両を活用するしかなかったのである。

ミャンマーの金融事情

民主化に舵を切った当時のヤンゴンは、活気に湧いていた。映画「三丁目の夕日」のような懐かしさを感じる一方で、これから発展していく爆発的なエネルギーがヤンゴン市内にみなぎっていた。

いよいよ、ヤンゴンで活動開始だ。なにはともあれ、まずはアポイントを取らなくてはいけない。だが、出張所のミャンマー人スタッフをのぞけば、ほとんど英語は通じない。ビジネスでも、使う言葉はもっぱらビルマ語である。そこでスタッフに頼んで、話を聞きたい人や組織にとにかくアポイントを取ってもらった。とはいえ、スタッフも私の業務についてはまったく知らないので、アポイントだけを取り、具体的な内容は会ってから話す旨、先方に伝えてもらうことにした。今から思えば何とも乱暴なアポイントの取り方であ

2013年赴任時には、このような日野自動車製のミニバスが走り回っていた。バスの下に人が潜って修理中。

ったが、日本人だということだけで歓迎されたのはラッキーであった。
　初めての出張では、民間銀行、中央銀行、保険庁、会計事務所、中小事業者などを訪れた。まず、ミャンマーではどのようなルールやポリシーで金融の仕組みが動いているのかを尋ねてみた。その結果、おおよそ次の三つのことがわかった。

①事業者へ融資をする際は、ビジネスモデルやキャッシュフローではなく、不動産担保しか審査時に考慮していないこと。
②民間銀行において明確な経営

目標がなく、従業員にも目標が与えられていないこと。

③中小・零細事業者は銀行を利用する習慣がなく、銀行口座を保有しているのは国民全体の二〇%未満と言われていたが、話を聞いてみると一般市民はその数字以上に銀行を利用していないこと。

端的にいって、ミャンマーではほとんど金融は機能していなかった。国民が銀行をほとんど利用していないのだから、当然である。

なぜ、ミャンマーでは金融が機能していないのか。出張を重ねるにつれ、その理由が次第にわかってきた。歴史をひもとくと、軍政以前の社会主義国家だった一九八七年、ミャンマーでは経済政策の失敗で急激なインフレが起き、史上三回目となる廃貨令が発表された。つまり、流通紙幣が突然利用できなくなったのだ。加えて、大型銀行の取り付け騒ぎと廃業も打撃となり、国民の「通貨不信」と「銀行不信」が加速した。結果、通貨の流通を媒体とする金融機能がまったく育たなかったのである。

銀行と通貨を信用しないミャンマー人

民間銀行の最大の役割は「信用創造」にある。信用創造とはこういうことだ。預金者から手元にある余剰資金を預け入れてもらい、資金を必要とする事業者へ融資する。事業者は融資された資金をもとに事業を行い、その相手方がサービスの対価として資金を受け取る。その資金は再度銀行へ預金され、さらに銀行は別の事業者へ融資を行う。このように資金が循環することで、現実の資金が帳簿上は数倍に拡大する。これが信用創造の仕組みである。

しかし、ミャンマーでは国民が通貨と銀行を信用していないため、信用創造が起きないのだ。当然ながら、民間銀行側も十分な資金（預金）を持っていないので、無理に融資をする必要はない。したがって、営業目標の設定も不要なのだ。単純に自行の経費捻出さえできていれば十分であり、ミャンマーの銀行はあえてリスクを取りにいく理由もない。

日本でも戦後からしばらくは、民間銀行が融資に及び腰だった時期がある。その時期は、行員が外回りをしての営業をせず、顧客が銀行に来るのを待ったり、呼びつけたりするのが通常だった。

だが、その頃の日本と比べても、ミャンマーの金融は異次元と思えるほど機能していなかった。ミャンマーの人々は、銀行どころか、通貨に対しても不信を抱いている。だから稼いだ現金は「金（Gold）」に換えるのだ。実際、街のいたる所にゴールドショップがあり、そこでは小口の金の売買が行われている。金のブレスレットや指輪を資産として保有し、資金が必要になればそれらを売却するか、質入れして現金を調達する。経済の血液ともいえる現金が流通しないので、経済発展のためのインフラや仕組みは海外からの援助に頼らざるをえない構造ができあがっていたのだ。

先述したように、私のミッションは、ミャンマーで中小企業融資制度を整備することである。では肝心の融資はどうかというと、先の①で指摘したように、不動産担保だけが審査の判断基準であった。しかも、融資の期間は最大で一年であることが、ヒアリングを重ねていくうちにわかった。

なぜ、そんなに短いのか。理由は明白で、一年以上先の情報に対する信用がなく、預金の期間が最長で一年であるからだ。一年しか預からないお金を、五年、一〇年と別の事業者に貸し出せるわけがない。そんなことをしたら、銀行が資金ショートを起こしてしまう。預金の仕組みを整えるのが先か？　融資の仕組みを整えるのが先か？　これはもはや卵と鶏の世界である。

長い道のりになりそうだ。それが偽らざる実感だった。

マウン・マウン・テイン財務副大臣との出会い

ここで本書のキーパーソンの一人、マウン・マウン・テイン財務副大臣を紹介しよう。彼と初めて顔を合わせたときのことは、いまでもよく覚えている。最初の出張で、当初アポイントを取ることができなかったのだが、帰国する前日の木曜日になって、突然、時間ができたから金曜日まで残ってほしいという連絡をいただいた。

財務省の副大臣と会えるせっかくの機会だ。幸い、帰国しても、週末に大した用事はないので、フライトを変更して、金曜日の夕方に面談をすることにした。

出張期間中、さまざまな人と面談をしたが、ほとんどは世間話に毛が生えたようなディスカッションだった。話す内容も、私の業務を説明するというより、ミャンマーの金融事情について尋ねることを優先した。

だが、今度の相手は副大臣である。こちらのミッションをしっかりと伝えなければならない。初めての海外出張でしかも一国の財務副大臣に面談。焦った私は、前日にホテルで缶詰となって、自分のミッションの説明をノートに書いた。およそ四ページぐらいの英文だったと思う。

そして、当日。副大臣は、ニコニコしながら私を迎えてくれた。話し始めてまもなく、思い切って私は次のように伝えた。

「私はあまり英語を上手に話せないので、このノートを読ませてください」

このエピソードは、ヤンゴンの出張所でも長らく語り草になっていた。「副大臣の前でノートを読んだ男」。だが、副大臣の反応は悪くはなかった。少なくとも、「やる気のある奴が来たな」という印象を与えることには成功したようだ。

ノートを読みながら私は、ミャンマーの中小企業融資を拡充するために、日本で定着している「信用保証付き融資制度」のようなものを整備したい、ということを大臣に伝えた。

日本には、全国の都道府県に信用保証協会という機関が設置されている。中小企業は、信用保証協会の保証制度を活用すれば、一定の信用保証料を支払うことで、担保が少ない、もしくはなくとも民間銀行から融資を受けることができるのだ。

これを銀行の側から見れば、万が一、融資した企業が返済できなくなっても、信用保証協会が企業に代わって返済してくれることになる。

日本の信用保証制度は、実際にはもっと複雑な仕組みだが、今後必要に応じて説明していくので、いまは必要最低限の解説にとどめておくことにする。

副大臣は以前来日した折に、信用保証協会のことを知り、ミャンマーにも同様の制度を導入したいと考えていた。だから私の拙い説明でも、すんなりと理解してくれたようだった。

しかし、その場で予想もしなかったリクエストが私に伝えられた。

「二〇一五年の一一月に総選挙がある。それまでにミャンマーに信用保証制度をつくってほしい。よろしく頼む。そのための協力は惜しみなく行うつもりだ」。このプロジェクトを通じて感じたことがある。それは、「何でも協力するから」というフレーズがしばしばミャンマー政府関係者から発せられたことだ。内心、協力するのはこちら側ではないのかと思うことが多かった。それだけ世界中から支援申し出が急増していたということなのであろうと今になってみれば思う。

驚くべきことに、このプロジェクトの期限は定まっていたのだ。正確には「二〇一五年一〇月まで」。当時の与党であったUSDP（連邦団結発展党）が、次回総選挙でアウンサンスーチー率いるNLD（国民民主連盟）に勝って、引き続き政権維持を続けるためには、国民に対する民主的活動をアピールすることが必須であった。その一つに、このプロジェクトが数え入れられていたのである。USDPは国軍系政党であり当時の大統領であったテイン・セイン氏も国軍幹部であった。しかし、大統領は民主主義の重要性を認識していたので、これまでの「武力による統治」からの脱却を目指していた。

これは大変なことになった。二年半もない期間で、中小企業への融資制度をつくらなければならない。しかも、そのための具体的な作業工程について、副大臣はノーアイデアだった。要するに「丸投げ」である。

私は「わかりました」と言う以外、選択肢はなかった。無理なら無理というだけの根拠が必要だが、それも持ち合わせていない。前途多難だがやるしかない。私のミャンマー出張デビューは、大変な課題を突きつけられて幕を閉じたのであった。

よく食べたミャンマー名物モヒンガ

初めての出張以降、大半の日々をヤンゴンで過ごすことになった。二週間ほど出張しては日本に帰国し、本部に活動報告をする。そしてまたすぐにヤンゴンへ飛び立つ。それを約一年間繰り返していた。

出張中はホテル住まいである。当時、とくに困ったのは度重なる停電だった。一時間に一度くらい、電気が突然切れる。冷房も切れるし、作業中のパソコンのメールも消えてしまう。電気インフラがとても脆弱なのだ。携帯を持っているミャンマー人もまだ少なく、道に固定電話が設置され、番をする人がそばにいるのだった。電話のない人も多いので、そこにかけると近くにいる人が目当ての人物を呼んできてくれるという光景もよく目にした。

食事はもっぱら街のレストランを頼った。ミャンマーの名物モヒンガはよく食べた。ナマズの骨などで出汁をとったスープに、米粉でつくったヌードルを入れた料理だ。ドロッとした濃厚な味が特徴で、食べてすぐに好きになった。ほかには、鶏肉料理や野菜の和え物、カレーが出張中の定番メニューだ。

当時は、日本人料理人がいる日本食のレストランが一、二軒はあった程度で、外国の飲食店といえば、近隣の中華料理やタイ料理がほとんどだった。

観光めいたことはほとんどしなかったが、一度だけ環状列車に乗って、ヤンゴンを一周したことがある。線路が劣化しているため、常時のろのろ運転。一周約四六キロ程度の距離を回るのに、およそ三時間かかった。何しろ線路が横方向、縦方向にぐにゃぐにゃ曲がっており、脱線することもあるらしい。

ミャンマーで一般的なモヒンガ。
麺は米粉、ナマズから出汁をとったスープは甘辛く後を引く味。
これに、揚げ物やパクチー、唐辛子などを混ぜ合わせて食す。

その後、線路は日本のＯＤＡを活用して、かなり整備された。じつはミャンマーの鉄道は、日本から寄贈された中古車両が数多く走っているので観光スポットにもなっているのだ。

出張中、ミャンマー最大の観光スポットであるシュエダゴン・パゴダには何度も足を運び、プロジェクトの成功を祈った。「パゴダ」とは寺院という意味である。高さ一〇〇メートルの黄金の仏塔がシンボルであり、つねに大勢の人々でにぎわっている。

あわやプロジェクト消滅？

話を本題に戻そう。出張生活を始め

て三か月が過ぎようとしたころ、このプロジェクトに大きな路線変更が迫られることになった。

じつは、私が担当したこのミッションは、当初、JICAと連携して進めることになっていた。民間である三井住友銀行のミッションというよりも、発展途上国の制度設計という公的なミッションであったからだ。

こうした経緯があったため、私は帰国するたびに、本行だけでなくJICAの本部にも出張報告を続けていた。ところが、なかなか話が前に進まない。そうこうしている間に、JICAと日本政府官邸との間で案件の優先順位などに変更が生じた上に、運悪くJICAの本プログラムの責任者が異動してしまったのである。

JICA内での引き継ぎもなく、当初の青写真からすればこのプロジェクトはたち消えになってもおかしくなかった。実際、責任者がいなくなったため、私が出張報告をする相手はもうJICAにはいないのだ。

プロジェクトを中止にするか、三井住友銀行単独で続けるか。箕浦副頭取が下した決断は後者だった。

なぜ、副頭取はミッションの継続を決断したのか？　そこにはミャンマーの経済政策の急展開が影響している。

先に述べたように、民主化へと舵を切ったものの、ミャンマーが外国企業や外国銀行に市場を開放するのは、しばらく先かと思われていた。しかし二〇一三年九月、私がミャンマープロジェクトに携わってから半年後にミャンマー中央銀行は、「外国銀行へ支店開設の免許申請を受け付ける。審査に合致した外国銀行には、半年後から営業ができる免許を与える」と公式に発表したのである。

重要なのは、この「審査」の中身である。審査では、ミャンマーの経済発展にどのように貢献できるのかを説明することが求められた。

本行は、通常の銀行業務には十分な自信を持っていた。しかしそれだけでは、ミャンマーの経済発展に対する貢献の説明としては他行と差が付かない。なにか本業とは別のアピール材料があるに越したことはない。そのニーズと私のプロジェクトがたまたま合致したのだ。

逆にいえば、ミャンマー政府の門戸開放がもっと遅ければ、このプロジェクトは店じまいになっていたかもしれない。ＪＩＣＡがプロジェクトの枠組みから外れたのも偶然なら、同時期に、ミャンマー政府が外国銀行に門戸開放を発表したのも偶然である。偶然が折り重なって、私はミャンマーでの活動を継続することになった。振り返れば、このときの副頭取の決断は、その後の私の人生をも大きく変えることになるものだった。

三つのゴール

先に紹介したマウン・マウン・テイン副大臣とは、出張のたびに面談を重ねるようにした。用がなくても、会いにいくことは欠かさなかった。

副大臣は、いつもヤンゴンにいるとは限らない。むしろ、本省のある首都のネピドーにいることのほうが多いので、ヤンゴンから車で六時間くらいかけて行ったこともある。一度は、六時間かけて行き、さらに財務省の待合室で六時間待たされたこともあった。

ディスカッションを重ねながら、財務副大臣と私は「信用保証協会法の策定」「予算の確保」「人員や施設の確保」という三つのゴールを共有した。いずれも私が副大臣に提案したものだ。

三つのゴールは、日本を含めすでに信用保証制度が運営されている国では、標準的な枠組みである。言葉で書くと単純だが、五〇年間におよぶ経済制裁のなか、鎖国状態にあったミャンマーが民主化に舵を切り始めたのはつい数年前のことだ。そのため、先にも述べたとおり、経済活動に関連する法律や制度、基本的ポリシーなどは皆無と言っていいほど未成熟だった。

たとえば、企業の存在と活動の根拠である「会社法」は、およそ一〇〇年前の東インド会社（ミャンマーは世界大戦前後でイギリス領であった）の運営ルールを根拠としていたことから、現在の実体経済の商取引に合わない部分もあちこちにある。これでは使い物にならない。

そのような会社法にもとづく企業へ融資をする制度をつくるのだから、右記三項目を実現するために何から手を付けていいのか、まったく道筋が見えなかった。

はたして、私ひとりでこの難題を乗り越えられるだろうか。毎回の出張報告の際、地域を統括するシンガポールのデスクに対し、私の同僚か部下の手当を含めたチーム編成を申し入れたが、結局、認められないままであった。

頭を抱える日々が続いたが、箕浦副頭取の言葉で私は息を吹き返した。

「ミャンマー政府側にアイデアがないのであれば、あなたが自分で総選挙までに完成させるためのロードマップをつくってさしあげなさい。それを持って一緒に行こう」

これを聞いた瞬間、ふかふかの副頭取室のカーペットの上に立っていたせいもあり、うれしさのあまり体がふらつきそうになった。頼もしい援軍を得た思いだった。

スーチー氏との面談

中小企業融資のプロジェクトを進めていくにあたり、ミャンマー市民からの理解も欠かせない。人々は経済発展や生活の向上を望んでいる。そこで我々は、今回のプロジェクトが間接的にミャンマーの経済発展に貢献でき、一般市民の支持も得られることを訴えるために、二〇一三年一二月にアウンサンスーチー氏との面談を試みた。翌々年一一月の総選挙で与野党逆転、大統領の座を視野に入れているアウンサンスーチー氏ならば民衆の想いを理解しているだろうし、金融制度の改革にも積極的にかかわってもらえると考えたのだ。

当時彼女は、まだ野党の党首だったため、私のような民間人であっても何とか面談は可能であった。じつはこの面談の前にも、私は二度、スーチー氏とお会いしたことがある。ただ、いずれもネピドーにある国会議事堂のなかで挨拶をした程度だった。

今回の面談の場は、スーチー氏の自宅兼事務所である。ヤンゴン空港手前にあるインヤー湖畔にあるその場所は、直前まで彼女が自宅軟禁されていた場所である。門扉越しに支援者への訴えかけをしているシーンは世界中のテレビで度々放送されていたので、ご存じの方も多いだろう。門を通ると、敷地にある小さな建物の入り口すぐにある応接室に通された。そこには彼女のほか数人のスタッフが同席している。短い時間しかなかったので、現在進行中の中小企業融資や農業事業者向け金融について手短かに説明をした。

スーチー氏から返ってきた言葉は予想外のものだった。

「中小事業者や農民は非常に零細であり、借金をしても苦しくなればすぐに逃亡してしまう傾向にある。公的な仕組みを構築しても、彼らに融資を行うのは難しいと思う」

強い関心を示してくれるだろうと期待して臨んだ面談であっただけに、この言葉を聞いて驚くとともに落胆で一杯になった。

その後のNLDの選挙活動を見ても、スーチー氏は平和主義を訴える機会は多かったが、その理想を下支えする具体的な経済政策についての言及は少なかったように感じた。NLDの幹部も、政策を実行に移すような経験をしている人材は少ない。

一方、軍政の流れは引いているものの、当時のテイン・セイン政権下で、民主化は目に見えるかたちで着実に進んでいた。外国投資にも弾みがついた時期である。成立の経緯を考えれば、軍の御用政党である側面は否めないが、政権幹部にもマウン・マウン・テイン財務副大臣のように、軍出身ではないテクノクラートも登用し、バランスを取ろうとしていた。

外から観察したかぎりでは、もう一期この政権が続き、制度が安定したところで政権のバトンタッチをしたほうがいいのではないか、というのが当時の私の偽らざる実感であり、日本政府関係者にもそう考える方は多かったと思う。

ミャンマー赴任

度重なる議論を通じて、マウン・マウン・テイン副大臣からの信頼を得た私は、二〇一四年一月から、「ミャンマー中小企業融資推進アドバイザー」に任命されることになった。もう後には引けない。だが、たったひとりのプロジェクトを進める上で、ぜひとも必要なことがあった。現地への赴任である。

東京とヤンゴンとの往復を繰り返す生活にしんどさを感じてきたことも理由の一つだが、それ以上に、アポイントの取りづらさが大きなネックになっていた。

こともなげに土壇場でキャンセルをされるかと思えば、急に呼び出しがかかることもたびたびあった。そのために帰国の予定を変更したことも一度や二度ではない。日本へ帰国した翌日に再度出発手配をすることも幾度かあった。それでも彼らに合わせるしかない以上、時間的な制約からできるかぎり解放される必要があった。

そこで出張から帰国した際には、国内部門と国際部門の部長へ、現地赴任の必要性を繰り返し訴えた。そのかいあって、二〇一四年四月より、晴れてミャンマー赴任が認められたのである。

赴任の辞令を受けた法人マーケティング部の部長から、出発前にぜひとも国内業務を担当する副頭取に会っておいたほうがいいと言われ、同副頭取室へ部長とともに足を運んだ。副頭取から「三井住友銀行の代表ではなく、日本国民の代表として頑張れよ。俺はいつも行員には自分の給料分は自分で稼げと言っているが、今回だけは違う。お前の給与分は俺の国内部門が稼いでおいてやるから、安心して行ってこい。その代わりやれるまで帰ってくるなよ!!」と激励され、背筋がピンと伸びる思いだった。一瞬、「俺は水島上等兵（『ビルマの竪琴』）か?」と心の中で思ったのも事実ではあるが。

最終日も、大げさな見送りはなかった。一年近く、「それでは行って参ります」と「ただいま戻りました」を繰り返していたのだから、その日もいつものように過ぎていった。

夕礼で部署の職員に挨拶をした後、すぐに東京本店の上層階会議室でシンガポール統括部・国際統括部のTV会議に参加し、二〇時過ぎに東京本店から空港バスで羽田へ向かった。深夜便で翌朝シンガポールに入り、そこから乗り継いでヤンゴン国際空港に到着した。

　赴任といっても、現地ビザが下りるまでは住居も決められない。家財や衣類などもまだ運べないため、当面の生活に必要な衣類や医薬品など必要分だけを詰め込んだ二つのスーツケースを転がして、ヤンゴンのホテルにチェックインをした。

　突然の異動を命じられた二〇一三年三月末からちょうど一年が過ぎた。ここまでもいろいろなことがありすぎたうえ、二週間毎に訪れていたためか、それほど興奮するような感覚ではなかった。亜熱帯気候のミャンマーは、乾季と雨季を半年ずつ迎える。四月は乾季で最も暑い時期で、気温が四〇度を超える日もたびたびある。乾いた喉をミャンマービールで潤した。タイムリミットまで残り一年六か月の孤独な闘いが、いよいよ始まろうとしていた。

第二章

まずは制度を

信心深いミャンマーの方は、
パゴダ(ミャンマーの寺)でなくとも、
路肩の木など身近な場所に仏壇をつくってお供えをする。
誰でも気軽にお祈りができる。

張りきった矢先に待っていたもの

ミャンマーに赴任した私を待っていたのは、「年越し」のイベントだった。

ミャンマーの伝統的な暦では、四月中旬に正月を迎えるため、正月を挟む前後二週間程度は国民の祝日となり、官公庁や商業活動がストップするのだ。

年越し前には、街中でバケツやホースで水をかけ合う「水かけ祭り」が三、四日間ぶっ続けで行われる。誰彼かまわず水をかけ合うこの祭りの期間中は、道を歩いているだけで水をかけられる。それだけではない。ふだんはおとなしいミャンマー人が、大量の酒を飲み、大音量のカラオケを歌い、道端のステージや空き地で踊り狂うのだ。

晴れてミャンマー赴任となったものの、まだ住居を借りていなかった私は、もっぱらホテルにこもっていたが、祭りの最終日の夕方、興味本位で少しだけ外出してみた。そろそろお祭りも終わるころかと思った矢先、洗礼を浴びた。背後から私の横を通り過ぎるトラックの荷台に乗っていた若者から、バケツいっぱいの水を浴びせられてしまった。一瞬、ムッとしたが、トラックの若者が満面の笑みを残して過ぎ去るのを見た途端、自分のちっぽけさに気がついた。

東南アジアの亜熱帯モンスーン気候では、四月中旬は、乾季から雨季へと切り替わる時期にあたる。そんな時期に行われる水かけ祭りには、一年の汚れを洗い落とす意味のほか、雨乞いの理由もあるという。実際、このときも四〇度を超える酷暑だったが、祭り最終日の夕方六時から雨が降ってきた。ちょうど私が水をかけられた直後のことだ。雨に濡れたアスファルトのにおいが鼻をくすぐる。ミャンマーの人々は、自然界の動きと平仄を合わせて生きているのかと思った。

ミャンマー赴任後の初仕事は、現地滞在ビザの申請だ。ミャンマーでは入国してからでなければビザの申請ができない。また、申請が下りるまでは出国もできない。水かけ祭りの前に申請したものの、役所が休みの期間を挟んでいたため、ビザが下りたのは五月に入ってからだった。時間の感覚が日本とは違うことを実感した。

その間も、祝休日以外はヤンゴン出張所に出社はしていた。ただ、当時ミャンマーでは電話回線網が未整備だったため、インターネットはほとんどつながらず、パソコンでの情報収集はまったく進まない。そこで、とにかく誰かにアポイントを取って話を聞くことにした。アポイントの人選にあたっては、役員や管理職だけでなく、事務職の人や銀行職員も含めてまんべんなく話が聞けるように配慮した。ミャンマーに限らないことかもしれないが、役員クラスの人は大所高所の話はできても、現場の具体的な事務のことをあまり知らない。私は、この国の銀行と中小企業がどのようにつきあい、資金を融通しているのか具体例を知りたかった。現場の事務員や職員の声に耳を傾けることは、そのための重要な情報収集になると考えたのだ。

めざせトリリンガル

ミャンマーに腰を据えて仕事を続けていくうえで、避けて通れないのが言葉の問題だ。銀行頭取や幹部レベルでも英語を話さない人は珍しくなく、多くの面談や会議ではミャンマー語で説明することが求められた。

ミャンマー語の表記文字は非常に変わった形をしている。視力検査に用いられる「C」の形が上下左右に向きを変え、下にひげのような記号が付いたり、それらをさらに組み合わせたりしたような文字で、日本語のひらがなと同様、表音文字である。

文法の構成は日本語と似ており、主語・目的語（補語）・動詞となるパターンが多い。たとえば「私はご飯を食べます」は、ミャンマー語で「ジャノー　タミン　サーメー」という。ジャノーは「私は」（男性の場合）、タミンは「ご飯」、サーメーは「食べます」を表している。語順は日本語と同じなので、言葉の意味と発音さえ覚えてしまえば会話ができ

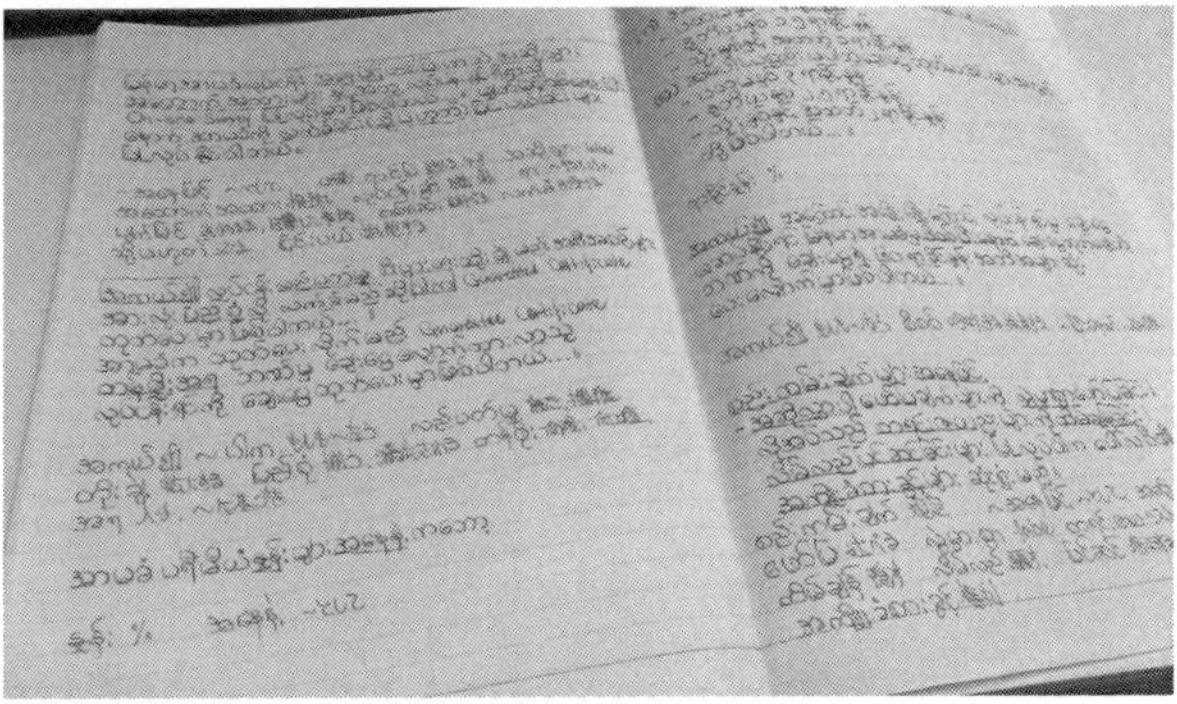

ミャンマー語の練習ノート。
これは、セミナーでの自己紹介のために先生にアドバイスをもらって書いたもの。

るように思えるが、発音がとにかく難しい。たとえば「ア」には三つ音調があり、慣れない日本人にはほとんど聞き分けられない。先ほどのサーメーは「食べます」だが、これを少しでも発音を縮めてサッメーと発音してしまうと、「始める」という意味になる。文字表記でも両者はよく似ているが、微妙に字体が異なっているのだ。

　せっかくミャンマーで生活するのだから、少しでもミャンマー語を使えるようになりたい。さっそく毎週末にミャンマー語・日本語通訳をしている方のご自宅に通い、ミャンマー語を教えてもらうことにした。三年ほど習い続けて、やっと日常会話ができるレベルになったが、赴任当初は通訳がいなければ、意思疎通は不可能だった。そこで、このミャンマー語の先生とは別に、毎回、ケックさんというプロの女性通訳者に同行訪問をお願いした。

ケッケさんは、日本にも数年間滞在されたことがあり、日本の文化や経済・金融に明るい。政府要人がミャンマーを訪問する際にも、大使館やＪＩＣＡの依頼で通訳をするほど、引っ張りだこの通訳者だ。

しかし、私がこれから各所で説明したい内容は、ミャンマーの金融界に存在しない仕組みである。それを通訳してもらうには、ケッケさん自身にプレゼンの趣旨やミャンマーの現状、ミャンマーにこの仕組みが必要な理由を理解してもらう必要がある。そこで約一週間かけて、私がこれからミャンマーにつくろうとしている仕組みを、ケッケさんにレクチャーすることから始めた。

余談になるが、ケッケさんは、職業人としても立派な方だった。複数の銀行を回っていると、スケジュールがいつも押してしまい、昼食の時間が取れないことがしばしばあった。そんなとき、彼女はバッグからバナナを取り出し、移動中の車中で食べるのだ。聞けば、通訳の仕事では時間がないことがけっこうあるので、いつもバッグにはバナナを入れてあるという。さすがプロだ。

見切り発車の商品リリース

その後、ケッケさんとともに銀行行脚の日々が続いた。私がつくろうとしている中小企業融資の仕組みを説明し、銀行側の感触を探った。ケッケさんの理解力は非常に優れており、各銀行幹部へ私が言わんとしていること以上の補足説明までしてくれた。だが、二か月かけてあちこちの銀行を回ったものの、積極的に検討してくれそうな銀行はなく、なかなか足がかりをつかめない。

一方、前章で説明した次回総選挙開始一か月前の二〇一五年一〇月までに整えなければならないとされている「信用保証協会法の策定」「予算の確保」「人員や施設の確保」という三つの目標については、マウン・マウン・テイン財務副大臣が精力的に動いてくれていた。副大臣に途中経過を尋ねると、法律と予算の手当ては難しいが、人員と施設については、「民主化へ舵を切って以降、従来の国営工場を民営化する案が出てきている。同時に、不要な工場は廃止することになる。そうなれば、公務員作業者の余剰人員と施設が発生することが見込めるので、これを中小企業融資のセクションに活用したい、と工業大臣にも申し入れている」とのことだった。

国営工場の公務員が中小企業融資のセクション？　彼らに金融の知識はまったくない。

仮に副大臣のアイデアが実現したら、私は金融知識のない工場公務員を教育するところから始めねばならない。それはいくらなんでもハードルが高いんじゃないか。

一瞬、不安がよぎったが、よく考えてみれば、いま金融に従事している人たちにしても、飛びぬけて金融に精通しているわけではなく、どのみち基礎から教育することは必要になる。だったら、たとえ素人に近いスタッフであっても、人員と施設を確保できるだけでもいまはありがたいと思わなければならない。そう自分に言い聞かせて、副大臣の力を頼ることにした。

だが、まもなく副大臣のアイデアは行き詰まった。政府からストップがかかったのだ。具体的には、来年に控えている総選挙をふまえ、大量の公務員を解雇に近い形で配置換えすることや工場閉鎖など、ドラスティックなことを早急に実施すべきではないという政府判断から、この件は白紙になってしまった。

万事休すかと思ったが、マウン・マウン・テイン財務副大臣が力技を発揮した。彼が出した答えは「見切り発車」であった。

中小企業への信用保証付き融資制度に関する法律はないが、自身が所管する財務省管轄下の国営保険庁から、我々がつくろうとしている融資保険を保険商品の一つとしてリリー

ヤンゴンにある保険庁本店。英語ではMyanmar Insuranceだが、ミャンマー語では「ミャンマー・アマガン」。ほとんどのタクシードライバーには「インシュランス」では通じないが「アマガン」と言えばすぐに理解してもらえた。

スさせる。人員については、保険庁本店にいる三〇〇名の職員のうち、二〇名程度に教育を受けさせ、そのうち数名を特に鍛える。保険業法では、取り扱いできる保険商品は、火災保険・自動車保険など一〇種類挙げられており、一〇番目に「その他財務大臣が指定する保険業務」という規定がある。これを適用して今回の保険をリリースする。これが副大臣のアイデアだった。

「法律や予算がないのにリリースしても大丈夫でしょうか？　副大臣のご尽力はありがたいのですが、大臣は了解してくれるのでしょうか？　さらには、政府が了解してくれますか？」と尋ねた。

「仮に、保険金支払いが必要になった際は、保険庁の利益剰余金から支払うことができるように、保険庁と財務省金融局の役員会で私が説得する。このプロジェクトは財務大臣はもとより、副大統領から指示を受けている案件であり、簡単に諦めることはできないのだ」

今回のプロジェクトは副大統領からの案件であることを私は初めてここで認識した。

そこから先はとんとん拍子で話がまとまった。副大臣の言葉どおり、保険庁の協力を得て、融資保険商品のリリースが決まり、二〇一四年六月、保険庁本店会議室にて副大臣主催でマスコミ向け説明会まで開くことになったのだ。保険庁役職員のほか、財務省職員、マスコミ関係者の総勢五〇名程度が参加していた。

副大臣はスピーチのなかで「ここに参加した保険庁職員二〇名の志士が、ミャンマーの未来のために頑張ってくれることを期待している」と語った。「二〇名の志士」という表現は、アウンサン将軍がビルマ義勇軍として奮闘した際の三〇名の志士に喩えたものであろうと、通訳のケッケさんが解説してくれた。このプロジェクトに懸ける財務副大臣の想いがいかに大きなものであったかを、あらためてうかがい知ることができた一幕だった。

なお、この説明会には、ドイツの国際援助機関であるGIZという、ドイツ版JICAのような組織も参加していた。当初は彼らもこのプロジェクトに関心を示していたが、相当難しく他に前例がないことから次第にフェードアウトし、後に結局私一人で進めることになった。

僧院での日本語講師体験

マウン・マウン・テイン副大臣の尽力もあって、融資保険の商品はリリースされたものの、融資制度を利用したいという問い合わせはまったくなかった。自分は何のために、はるばるミャンマーにやってきたのか。焦燥感を募らせる日々が続いた。

半ば諦めモードになっていたある日、街中で配布されているタブロイド誌を何気なく眺めていたら、「私たちに日本語を教えてくれませんか?」という広告が目に入ってきた。最近、ミャンマーでは日本語がブームになっていると聞いたことがある。

このまま利用実績がなければ、私は遠からず日本へ戻されるだろう。その前に、本業でなくともミャンマーの役に立ちたいと思い、記載されている連絡先に電話をかけてみた。日本語を教えたい旨を伝えると、土日午後六時から一〇時頃まで、サンチャウンという下町にある僧院で勉強会が開催されているので、時間があれば来てほしいとのことだった。

ミャンマーでは公立学校とは別に、さまざまな学習機会を提供する場として仏教施設が利用されている。裕福な家庭の子供は私塾のような場所で勉強できるが、九割以上の家庭はそのような余裕がないため、街中にある僧院で開催されている無料の講座に子供を参加させているのだ。

サンチャウンは自宅からタクシーで一〇分程である。タクシーから降りると、下町だけあって道路も雑然としていた。街灯も数少なく暗い。至る場所に寝そべっている犬を踏まないように路地を進んだ正面にその僧院はあった。僧院の名前は「マノラマ僧院」。三階建ての建物で、一、二階が勉強部屋、三階がお坊さんの部屋になっている。

簡単な面談とともに、この学び舎の概要を説明してもらった。授業科目のほとんどは語学だが、コンピュータプログラム、栄養学、薬学なども教えている。語学では、人気のある英語のほか、日本語、ドイツ語、中国語、韓国語の講座もある。近年は日本語がブームになっているらしい。経済発展に伴い、日本企業の進出が増えてきており、そこに就職を希望する若者が増えていることが理由のようだ。

「他国の企業も進出しているのに、なぜ日本に注目が集まっているんですか?」と尋ねたところ、ミャンマーの若者の間では「日本は清潔で何でもきちっとしている」「日本人は親切だから」「小さい国なのに非常に発展しているから」といったイメージがあるからだという。

教える先生は日本語ネイティブであればよく、教員免許は不要。ただし、謝礼はなくボランティアが条件だった。ミャンマーに貢献できるならありがたいと思い、当日から先生の一員として参加することにした。先生といっても授業の補助を行うもので、メインの解説や進行は日本語が堪能なミャンマー人の先生が受け持つ。

日本語クラスの生徒は約四〇名だ。小さい部屋にすし詰めで一生懸命勉強している。この僧院は、いつでも入学・卒業できることをポリシーとしている。当然、生徒たちの能力はバラバラだ。しかし、不思議なことに授業はスムーズに進んでいる。簡単なことでも難しいことでも、何度も繰り返すことで、レベルに関係なく各自の習熟度が向上するようなのだ。

教科書を使用した授業の後、毎回三〇分程度、私のようなボランティアの日本人講師たちと自由に話す時間が生徒に与えられる。にわか日本語講師が、毎回話題を考えるのはなかなか大変だった。一度、「将来何の職業に就きたいか？」という話題を振ってみたところ、実にバラエティーに富んだ答えが返ってきた。女子生徒で比較的多かったのは「日本のアニメ作家」だ。彼女たちは、日本のアニメの影響で日本語に興味を持ったという。なかでも『NARUTO—ナルト—』というアニメが大人気だった。主人公のナルトは、貧しい家庭に生まれながらも、成長過程でさまざまな武術を身につけ、やがて国の英雄になる。そういうサクセスストーリーに自分たちを重ね合わせているようだった。

日本語スピーチコンテスト

もうしばらく、私の日本語講師談におつきあい願いたい。

毎年、国際交流基金と日本大使館共催で「日本語スピーチコンテスト」がヤンゴンで開催される。ミャンマー各地の何百人という応募者から事前選考で一五名程度に絞られ、毎年夏頃に開かれる本選に出場する。そのコンテストで、なんとマノラマ僧院の女子生徒が一次予選を通過し、本選に勝ち進んだのだ。

コンテストのお題は自由で、持ち時間は一五分。私も含めた日本人講師総出で三か月間の猛特訓が始まった。

彼女のお題は「私の第二の家族」。マノラマ僧院の生徒や先生との関わりについて話す

土日の空いた時間を利用し、ヤンゴン市内の看護学校にも日本語ボランティアとして教えにいっていた。看護の資格に加えて日本語を身につけて日本で働きたいという学生が多かった。

内容である。持ち時間終了までラスト一分、練習していた台本にはないアドリブが出た。「私は、みんなと過ごせたことを一生の宝物にします」。応援に参加していた僧院の生徒・先生全員は感極まって号泣した。結果は優勝！私たちにとっては、優勝を突き抜けた内容だった。

優勝者への副賞は、日本への旅行とシンガポールで開催されるＡＳＥＡＮ各国優勝者との懇親会だったと記憶している。後に主催者から聞いた話では、他国優勝者に混じっても、彼女は飛び抜けて上手だったそうだ。彼女はその後、日本でアニメデッサンの勉強をしていることを知った。クーデターを日本で知ることになり、さぞかし悔しい思いをしているだろう。

マノラマ僧院での講師活動を通じて、私自身が学んだことも多かった。時には、本業に役立つ知識を得たこともあった。私のプロジェクトを生徒たちに説明していたときのことだ。「保険庁で信用保証付き融資を始める準備ができた」と説明しても、どうも話が嚙み合わない。生徒たちとのやりとりから、ミャンマー語では、保険・保証を意味する「アマガン」という言葉は、「担保」の意味もあるらしいことが初めてわかった。私は、「担保がなくても保険庁の保証があれば、お金を銀行から借りられる」という説明をしたつもりだったが、担保と保証が同じ言葉なので、理解ができなかったようだ。もしかすると、民間銀行の役員たちも同じ誤解をしている可能性がある。もう一度説明をし直さなければいけないと思い、その翌日から各銀行への説明行脚を再開した。

保守的なミャンマー中央銀行

中小企業融資を推進するには、民間銀行を監督しているミャンマー中央銀行（以下、中銀）との意思疎通が不可欠である。私が出張を始めた二〇一三年前半は、中銀がまだ財務省の傘下に組織されていたため、財務省副大臣であるマウン・マウン・テイン氏の権限で、中銀に指示を明確に下ろすことができた。しかし、同年に中銀が財務省から独立すると、財務副大臣の権限はもうおよばなくなった。また、今回のプロジェクトの重要性を認識してくれていた役職員も異動などで離れたこともあり、意思疎通が難しくなってしまった。

なんとか関係改善を図ろうと思い、二〇一四年一月のある日、一人の日本人を訪ねた。当時IMF（国際通貨基金）から中銀アドバイザーとして中銀に駐在していた田中克（まさる）氏である。田中氏は日銀高松支店長、国際局兼金融市場局審議役を歴任し、『ルワンダ中央銀行総裁日記』（中公新書）の著者である服部正也氏とも日銀・ワシントンで交流をしていたという人物である。当時のミャンマーは、IMFの支援国として適格かどうかという審査の過程にあり、田中氏はそのミッションでIMFから中銀に派遣されていた。

私のミッションの説明とともに、中銀との関係が疎遠になっていることを田中氏に伝えたところ、田中氏は私を中銀幹部へとつないでくれた。ここでなんとか中銀からの理解や支援を取り付けたい。そう意気込んで幹部との面談に赴き、私のミッションを一通り説明した。だが、返ってきたのは、期待とは反対の言葉だった。

「中銀としては、経済発展も大事であるが、それよりも我々は民間銀行に無理をさせないように監督するほうに軸足を置いているから、他省である財務省が所管する信用保証制度を自分たちが推奨することはできない」

なぜ、そんなに腰が重いのか。事情を探ってみると、問題は当時の中銀総裁にあることがわかった。中銀独立後の中銀総裁は「超」が三つ並ぶほどの保守的な人物で、とにかく物事を決めないことで有名だったのだ。実際、私の案件に限らず、さまざまな課題や要望が中銀に寄せられていたが、すべて棚上げ中だった。したがって、幹部も「ノー」としか言えなかったのだ。

あらためて田中氏にアドバイスを請うと「総裁があの様子なので、中銀に協力を求めるのはあきらめたほうがいいだろう。ダメと言われないかぎり、財務省の判断で先に既成事実をつくってしまうべきだ」と、大胆な意見をいただいた。他に打つ手がない以上、それもやむをえない。最後は財務副大臣が何とかしてくれるだろうと考え、我が道を邁進することにした。ちなみに私が知るかぎり、この中銀総裁が在任中に唯一決められたことは、外国銀行への支店免許開放のみである。

初めての東京出張と運命の出会い

二〇一五年三月、初めて東京出張が認められた。赴任してもうすぐ一年が経とうという時期だ。三井住友銀行では、通常、赴任地を離れることはよほど重要なケースを除き認められない。だが、私にはこのタイミングで、どうしても帰国したい事情があった。

ここまで述べてきたように、信用保証付き融資の商品化まではこぎつけたものの、一向に利用する企業があらわれない。積極的に販売してくれる銀行もない。この手詰まりの状況を打開するために、協力を仰ぎたい組織があった。それは、本邦財務省内の「財務総合政策研究所」である。

このプロジェクトについては金融庁にも折に触れて説明はしていたものの、なぜ、銀行の所轄官庁である金融庁ではなく財務省に支援を仰ぎたかったのか。ミャンマーへの支援は、ＪＩＣＡをはじめ、さまざまな日本の団体が関与している。そのなかで、当時、財務総合政策研究所が、ミャンマー国営経済銀行宛研修という金融支援プログラムを立ち上げようとしていた。本格的なプログラムのスタートに先立ち、当該所員が現地調査のためミャンマーを訪れた際、三井住友銀行の出張所にも立ち寄ってくれた。その面談の場で、私が雲をつかむようなこのミッションにチャレンジしていることを伝えたのだ。

財務総合政策研究所は、財務省内に設けられたシンクタンクで、さまざまな国内統計調査（法人企業景気予測調査など）や金融に関する研究に加え、国際交流活動を行っている。先の面談で、ミャンマー中銀の田中氏の助言もあり、同研究所が私のミッションに興味を示し、今後連携して研修などを進められないか、と持ちかけてきた。私はもちろん大歓迎だったので、半年後に開始される彼らのプログラムの一部に講師として加えてもらう約束をした。

ところが、日本に戻った視察所員が所長と相談したところ、なかなか首を縦に振ってもらえないらしい。一民間銀行である三井住友銀行が、そのような活動を無償で行う理由がなく、何か裏があるのではないか。また、一行とだけ協働していいものかどうかも判断がつかないというのが所長の意見のようだと理解した。

私が同じ立場だったら、所長と同じように考える。でも、ここで簡単に諦めるわけにはいかない。せっかく私のミッションに、政府が関心を示してくれたのだ。この縁をつないで、突破口を見つけたかった。そこで、「財務省からミャンマーのプロジェクトについて、説明に来てほしい」という要請があったことを東京本店に伝え、東京出張の承認を得たのである。

一年ぶりに東京に戻ってきた。財務省総合政策研究所を訪れた私は、最強の援軍と出会うことになる。それが当時所長であった門間大吉氏である。この門間氏こそ、ミャンマーの金融界の総合的発展のためのロードマップを持っていた唯一の人物だったのだ。

門間氏とミャンマーとの関係は二〇一二年にさかのぼる。民主化に舵を切り始めたミャンマーだったが、日本政府がODAを再開するには大きな壁があった。それは、過去のODAの延滞債務である。延滞債務を解消しない限り、日本は新たなODAを実行できない。この問題を解消すべく、二〇一二年一〇月に日本で債権者会合が開かれ、世界銀行やアジア開発銀行（ADB）と、ドイツなどの債権国でつくるパリクラブは延滞債務問題を解決する方針で一致し、年明け以降、各機関は相次いで債務を解消した。日本政府でこの実務交渉にあたっていたのが、当時、財務省国際局審議官だった門間氏だった。その後、門間氏はIMFの理事を歴任し、この研究所所長に就任すると同時に、ミャンマー支援の司令塔の任も担っていたのである。

門間氏には、すべての事情を包み隠さず説明した。私からすれば、雲の上にいるような人物が一生懸命、私の話を聞いてくれた。それだけでもありがたかった。

当初、三〇分程度の面談予定だったが、あっという間に一時間が過ぎた。信用保証制度をミャンマーにつくる必要があることは、門間氏のロードマップにすでに書き込まれていた。ミャンマー支援の全体像を聞いた私は、「このミッションに全力で取り組みます」と伝えた。門間氏も大きくうなずいてくれた。

いまから振り返れば、この出会いがその後の運命の分かれ道だったかもしれない。この出会いをきっかけに、中小企業融資のプロジェクトが大きく前進したばかりか、その後の私の人生をも大きく左右することになった。門間氏はその後、財務省国際局長に就任され、私が後に務めるミャンマー地場銀行COOのミッションにも多大なる協力をいただくことになる。

門間氏のアドバイス

前章で説明したように、ミャンマーの地場銀行にとって、担保があることが融資の絶対条件になっていた。しかも絶対に損失が出ないように、担保価格が融資金額の三倍以上でないと審査を受け付けないことが、すべての銀行で慣習化していた。

私が立案してリリースした融資保険は、返済が不能になった場合は、その残債額の六〇%を保険庁が銀行へ支払うという仕組みである。たとえば、一〇〇万円を借りた会社が、五〇万円しか返済できなかった場合、残りの五〇万円の六〇％にあたる三〇万円が保険庁から銀行に支払われるわけだ。

商品の狙いは明らかだろう。銀行が背負うリスクの六割を保険庁が肩代わりすることで、これまで銀行が相手にしなかった中小企業でも、お金を借りられるような仕組みをつくろうとしていたのである。

だが、ミャンマーの銀行からすると、この商品はとうてい受け入れられるものではなかった。彼らの感覚では、一〇〇％の返済を見込めることが融資の絶対条件だったからだ。したがって、いくら取りっぱぐれた額の六〇％が保険庁から戻っても、四〇％の損失が出るかもしれない融資などするわけにはいかない。これが銀行側の理屈である。

彼らの感覚に合わせた商品にするならば、一〇〇％保証とするしかない。実際、銀行幹部からは一〇〇％保証へ変更できないかと相談をされたこともあった。しかしそれでは、銀行が野放図に融資をして、モラルハザードが起こることは必至だ。そこは頑として譲ることはできない。

こうした押し問答を繰り返すうちに、八〇％ならどうか、七〇％ならどうかと、バナナの叩き売りのような話になってしまうこともしばしばだった。しかし、問題の本質はそこではない。これまでの融資に関するデータを銀行が保有も分析もしていないので、適正な補填割合を算出することができない。それに輪をかけて、そもそも融資の絶対件数が少なすぎて、統計的に有意な倒産確率を計算できないため、パーセンテージの議論をしたところでまったく意味をなさないのだ。

商品をリリースして以来、こうした不毛な議論を繰り返して、半年が過ぎようとしていたところ、たまたま先の門間氏がミャンマーを訪れる機会があった。このチャンスを逃すまい。私は門間氏に上記のような課題を相談し、アドバイスを求めた。

門間氏のアドバイスは「担保付き融資がミャンマーの主流であれば、それを尊重した仕組みにすべきだろう。ただし、現在のような過剰担保主義では、銀行が審査リスクをまったく取らず、金融リテラシー向上にはつながらない。それを是正するには、過剰担保を適正担保に変更するように誘導できる仕組みにするのがいいのではないか」というものだった。

「このようなイメージの商品へ変更すれば、利用する銀行も出てくると思う」

たしかにその通りだ。しかし、私が調べたかぎり、世界中の信用保証制度のなかに、門間氏がイメージするような制度はどの国にもなかった。

革命的な商品変更

前例がないのなら、自分がつくるしかない。箕浦副頭取の言葉を思い出した。そして門間氏のアドバイスにもとづき、知恵を絞れるだけ絞って、次のような商品変更を考案した（七七ページの表を参照）。

・**変更前**：貸出先倒産時、担保処分による回収後の融資残高の六〇％を保険庁が銀行へ補塡する。
・**変更後**：貸出先倒産時、担保処分による回収前、の融資残高の最大六〇％を保険庁が銀行へ補塡する。

どう変わったのか、図に従って解説しておこう。貸出残高が一〇〇万円ある企業が返済不能に陥ったとしよう。この企業の担保価値は五〇万円とすると、変更前の仕組みでは、銀行に補塡される額は、担保処分でカバーできなかった五〇万円の六〇％にあたる三〇万円である。したがって単純計算をすると、一〇〇万円の貸出残高のうち、八〇万円しか銀行に戻らず、二〇万円の損失を負うことになる。

それに対して、変更後の仕組みでは、「担保処分による回収前の融資残高の最大六〇%」であるから、一〇〇万円の六〇%にあたる六〇万円が最大で補塡されることになる。返済分と担保で五〇万円は戻ってくるのだから、この場合、五〇万円が銀行に補塡され、一切損失は出ない。

変更前の仕組みで、損失をまったく出さないようにするためには、未返済の額をまるまる担保で回収するしかない。だが、その場合、この商品の存在意義はなくなってしまうのだ。一方、変更後の商品であれば、貸出先が倒産したり回収不能となったりした場合、不動産などの物的担保が残高の四〇%以上をカバーできていれば、残りを保険庁が補塡するので、銀行には損失が出ない。したがって、従来の過剰担保を適正な担保まで減額することができる。この仕組みなら、融資額の三倍もの担保をとる必要はない。せめて等倍、もしくは融資額の八割の担保でも、銀行にとって融資の検討が可能になるはずだ。

この草案を財務副大臣に持っていく前に、銀行側のニーズを確認する必要がある。もう失敗するわけにはいかない。手始めに、ミャンマーでも流行りのフェイスブックで商品の改定内容を紹介する記事を投稿した。フェイスブックはミャンマーに赴任してから始めたこともあり、「友達」の八割以上はミャンマー人だった。

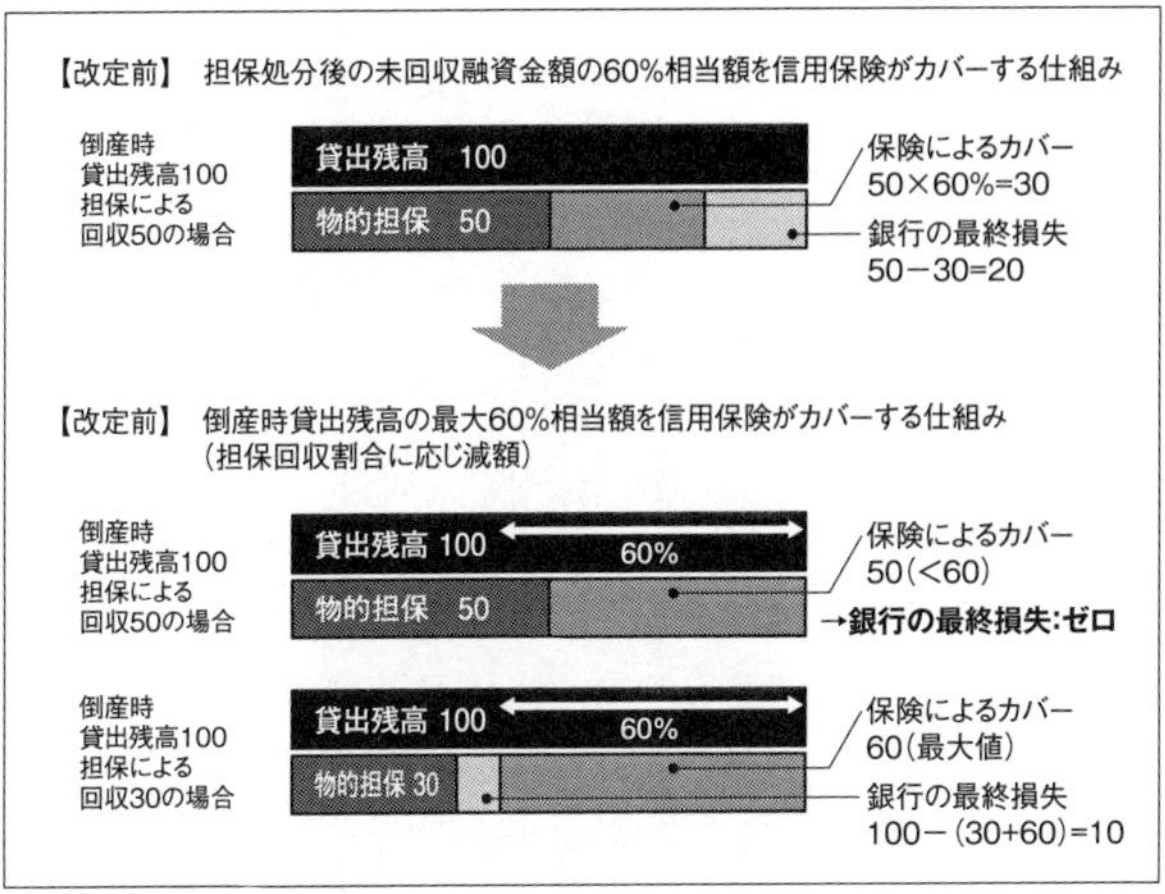

国営保険庁の融資の仕組み

投稿を済ませた後、意外な人物からメッセージが届いた。かつてマウン・マウン・テイン副大臣の秘書をしていた男性である。名前はミョー氏。

意外な「友達」からのメッセージ

私と副大臣との定期的な面談には、毎回同席する男性がいた。彼は国営ミャンマー経済銀行に勤務したのち、財務省へ出向して副大臣の秘書に着任した。私と副大臣のやりとりを記録する書記係だったため、このプロジェクトの経緯はよく知っていたにちがいない。

ミョー氏も「友達」の一人だった。私がフェイスブックに投稿した時期、彼は副大臣の秘書職を終え、再び国営ミャンマー経済銀行へ支店長として戻っていた。そして、私の投稿を読み、「この改定内容をもっとくわしく説明してほしい」というメッセージを送ってきたのだ。

彼が支店長を務めていたのは、ヤンゴンに続く商業都市であるマンダレー支店だ。私の拠点であるヤンゴンから、副大臣とよく面談をしたネピドーまで車で六時間。マンダレーはそこからさらに二七〇キロほど北にある都市で、車でさらに三時間かかる。時間はいくらでもある。行かない選択肢などない。

マンダレーという都市について、少し説明しておこう。現在のミャンマーの首都は、官庁街と国会議事堂があるネピドーである。二〇〇六年にネピドーに遷都されるまでは、最大都市であり最大商業地であるヤンゴンが首都で、「ラングーン」と呼ばれていた。

さらに時代をさかのぼり、一八八五年の英緬戦争でイギリス（当時の大英帝国）に併合されるまで、約四半世紀にわたって続いたビルマ最後の王朝の首都がマンダレーである。

地理的にはミャンマー中央の「へそに当たる部分」に位置し、西側は中国と国境を長く接していることから、二〇〇〇年代には多くの中国人移民が流入した。その影響もあり、ミャンマーと中国の文化が融合した独特の雰囲気がマンダレーには漂っている。王宮跡のマンダレーパレスは現在でも文化財として保存され、観光スポットにもなっている。三キ

マンダレーパレス南側から。
奥に見えるのは観光地として知られるマンダレーヒル。夕日を眺めるのに最適な場所。

ロメートル四方の堀に囲まれた王朝建築は、古き良き時代を彷彿とさせる。

私の住むヤンゴンからのアクセスは飛行機で一時間半、あるいは車で九時間だが、飛行機を利用するのは経費もかかるため、ミャンマー人にポピュラーな深夜バスを利用して移動することにした。ヤンゴンを夜九時に出発、途中二回ほどの休憩を挟んで、翌朝の六時半にマンダレー駅前のバスターミナルに到着した。

さすがに支店長に朝七時前にアポイントを入れることはできないので、以前、セミナーで知り合ったミャンマー人知人の自宅で朝食と仮眠をとらせてもらった。それから彼とともに、昼前着をめざして国営ミャンマー経済銀行マンダレー第一支店へと向かった。

支店は、マンダレーの目貫通りの大きな交差点の角地にあり、日本の銀行と比べても見劣りのしない立派な建物だった。きっと出世したのだろう。銀行に入って用件を告げると、広い接客スペースと執務エリアを抜けた先の支店長室に案内された。

古都での久しぶりの再会

懐かしさに包まれた談笑を終えたあと、支店長はマンダレー第一支店の業績について説明を始めた。貸出先数、貸出残高、預金残高、不良債権比率など、数値をよく把握している。

力を込めて彼は話を続けた。

「私は融資審査を行う際には、担保ではなく信頼性を重要視している。担保をとっても、いざとなったときにそれが売却できなければ、融資の回収はできない。しかもミャンマーでは裁判に膨大な時間がかかる。通常二、三年で五年以上かかる場合もある。

私が言う信頼性とは、たとえば、親戚や知人のつながり、風評、ビジネスのトラックレコードだ。こうした点から総合的に融資を判断しているので、不良債権比率はたったの〇・一％しかない。おそらく国営経済銀行三〇〇支店のうちでも、トップクラスだと思う」

当時のミャンマーでは不良債権比率は一〇％以上の銀行がほとんどであったはずなので、彼の支店はその百分の一の水準しか不良債権がない。驚くべき数値だ。すごい支店長だと思った。だが、彼には悩みごとがあるという。

「担保に依存しない審査を行っているが、行内規定で融資額の三倍の価値の担保を取らないといけない。最初のころはそれでも応じてもらえる事業者がたくさんいたが、事業の拡大と同時に貸出を増やしていく過程で、担保の相対評価が下がってきている。たとえば、最初の融資が一〇〇、その時の担保が三三〇だったとしても、その後事業が拡大する段階で積極融資を行う場合も担保三倍ルールがあるので、融資は一一〇までしか伸ばせない。言い換えれば、たった一〇しか追加融資できないのだ。

相手の会社に回収懸念がまったくない場合でも、特例は認められない。これでは自分の顧客は成長しない。国営銀行のルールを変えるには相応の説得材料が必要だが、なかなか見つからずに困っていたところだった。でも、ミスター・イズミの新商品案であれば、担保カバー率を減らすことができる。自分が融資の稟議書を上げ、総裁（国営ミャンマー経済銀行総裁）に手紙を書くから、ミスター・イズミが総裁のところへ行って説明してもらえないか」

願ってもない提案だった。一緒に同席していた知人も、地元マンダレーでお茶の販売業を営んでおり、彼の考えに頷いていた。支店長に「総裁のところに一緒に行かないか？」と誘ってみたが、「私は遠慮する」との返答。聞けば、ミャンマーでは上下関係の躾が厳しく、一介の支店長が、総裁に面会することなどままならないという。私も二〇年前はそうだった。社会人経験が増えるにつれ、そういうフレッシュな気持ちを忘れてしまっていることに気がついた。

面談後、支店長や知人の紹介で、一〇名ほどの事業者から話を聞くことができた。いずれも感触は良好だった。その日の夜九時発の深夜バスでマンダレーを後にした。バスの往復運賃は二万四〇〇〇チャット。当時のレートで約二〇〇〇円だ。時間はかかったが、最小の費用で最大の成果を上げることができた。

暗いトンネルの先に光が見えた

ヤンゴンに戻って数日後、マンダレー支店長から「貸出稟議書複数社分と手紙を本部へ提出したので、あとは頼む」と連絡が入った。事前に準備をしたプレゼン資料とともに、ネピドーにあるミャンマー国営経済銀行本店に向かった。面談相手は総裁である。

一発勝負。これで失敗したら後はない。しかし総裁の賛同を得られれば、可能性が一気に膨らむことになる。

ミャンマーには大小約三〇行の国営銀行・民間銀行が存在する。最大銀行は民間のカンボーザ銀行（以下、ＫＢＺ銀行）だ。当時の支店数は三五〇、マーケットシェアは三割というガリバー銀行である。シェア第二位が、先の支店長が所属するミャンマー国営経済銀行で、支店数は三〇〇、マーケットシェアは二割程度だ。しかしこの国営銀行は、ミャンマーの津々浦々に店舗網を持っている。また、公務員や公共機関の出納銀行であり、何より財務省の傘下の銀行である点が決定的に重要だった。

民間銀行はそれぞれ独立しており、中銀の監督下にある一方、国営の四行（経済銀行・農業開発銀行・外国貿易銀行・投資商業銀行）は財務省の傘下にある。中銀のレギュレーションを遵守する必要はあるものの、基本的な方針や運営はすべて財務大臣の命令で決定することができるのだ。（農業開発銀行は、この時点では農業・畜産・灌漑省の傘下であったが、翌年に財務省傘下へ変更された。）

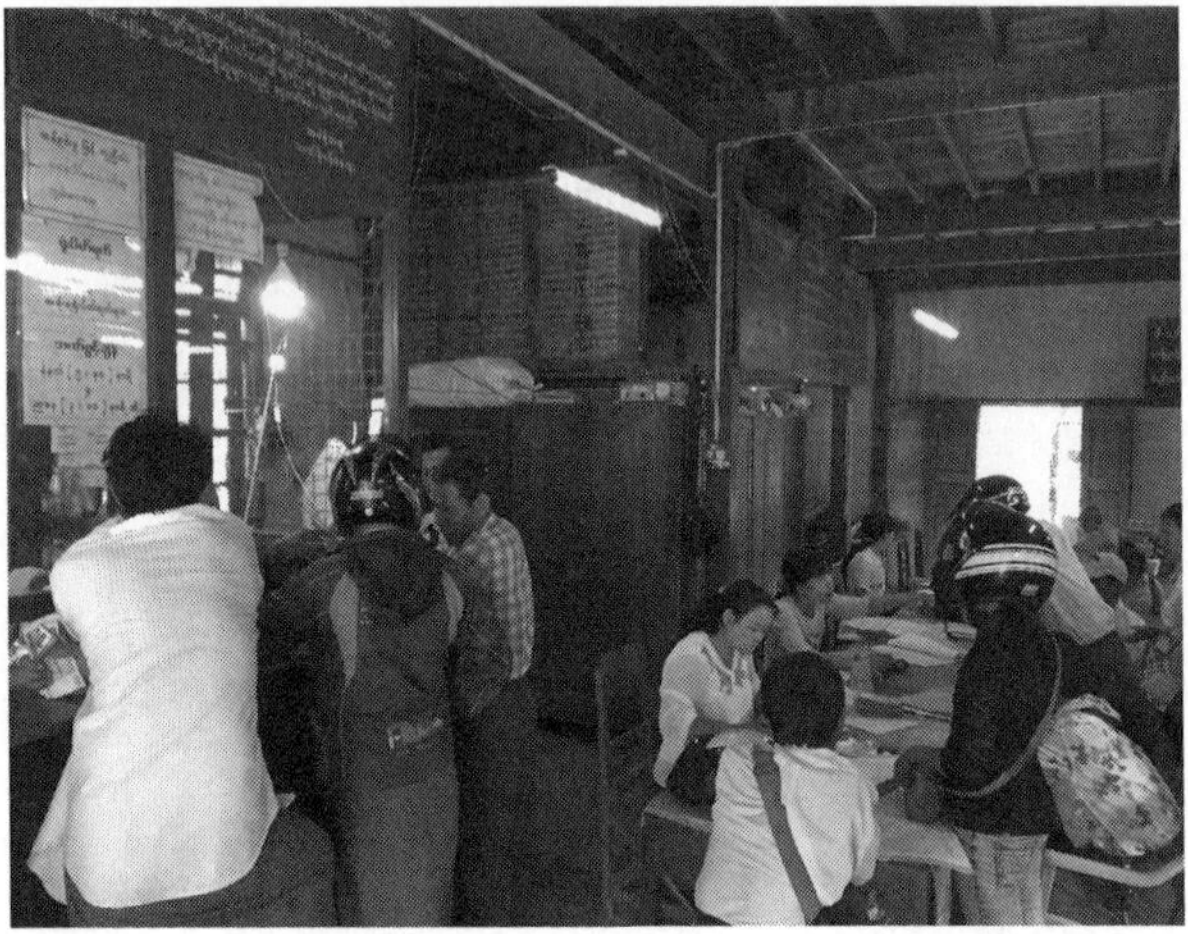

国営農業開発銀行バゴー管区ピー支店。
銀行というよりも日本の農協に近い。支店内は新規借り入れ申込者と前年借り入れ分の返済者でごった返している。

総裁を口説き落とすには、あらかじめ財務大臣から商品改定について太鼓判をもらっておかないといけない。総裁に説明する日の午前、私はマウン・マウン・テイン財務副大臣のもとへ足を運び、これまでの経緯を説明した。

財務副大臣は経済銀行マンダレー第一支店長のことをよく覚えていた。

「コ・ミョー（「コ」とはミャンマー語で氏という意味）がそう言うなら了解した。商品改定を行うので、ミスター・イズミからプロポーザルを私に上げてくれれば、財務大臣に話を通す。大臣も了解してくれると思うから心配は無用だ」

これで言質はとった。万全の備えで、午後から経済銀行総裁との面談に入った。大会議室には総裁のほか、四名の役員と数名の書記官がいた。プロジェクターから私のパワーポイントが映し出された。

マンダレー第一支店長とのやりとりとともに、本店に稟議申請されている三件の融資案件について説明した。

「この融資に対して、これから改定する融資保険商品を利用すれば、お客の資金ニーズを満たすと同時に、銀行のリスクもほとんど回避できます」

総裁は新商品の概要を理解したようだった。ダメ押しで、私は次のように付け加えた。

「現時点ではこの商品を利用した融資は一件もありません。そこで今回説明したイメージで商品改定を行うつもりですが、現場にニーズがなければ上（財務省）には上げられません。新商品への改定については、すでに財務副大臣の口頭了解をとっています。総裁の顔をつぶすようなことはありませんので安心してください」

最後に総裁は首を縦に振った。暗いトンネルの先に、ようやく光が見えてきた。

第三章

日本人銀行員、法をつくる

保険庁本店での CGC 法案策定委員会の様子。
この回から、ADB(アジア開発銀行)が参加し始めた。
立っているのが筆者。
ADB からの修正法案に対して、対案を提示している。

政権交代の影響

国営経済銀行総裁へのプレゼンテーションを終えた後、商品改定に関する私の申請書は財務大臣から正式に承認され、財務副大臣がヤンゴン保険庁本店でプレスリリースをする運びとなった。二〇一五年九月のことだ。国内メディアの取材も大勢やってきて、翌朝の新聞に大きく取り上げられていた。

副大臣が期限としていた「ミャンマー総選挙前」に、形だけはなんとか間に合わせることができた。しかし、制度はつくられたもののいかんせんまだ利用実績はゼロだ。国営経済銀行マンダレー第一支店からの申請も、実際に事を進めるのは簡単ではなかった。国営銀行は「職員が公務員」であり、規則やルールを変更したり、新たに制定したりすると、蜂の巣をつついたような騒ぎになる。ミャンマー人の気質だろうか、細かい部分まで真面目で手を抜かないのだ。とくに公務員は、ミャンマー語文書の書きぶりについて、日本の公務員並みにディテールや言い回しにこだわる。本音をいえば、そんなことで時間を浪費せず、迅速に制度を活用できるようにするべきだと思うが、彼らには譲れないポリシーなのだろう。利用実績への道のりはまだ遠そうだ。

そこにもう一つ、不安材料が増えることになった。政権交代である。

二〇一五年一一月に実施された総選挙では、スーチー氏率いるＮＬＤが圧勝したことで、政権幹部や閣僚はすべて交代となり、私のカウンターパートであったマウン・マウン・テイン財務副大臣も更迭された。私の重要な人脈が消滅してしまったのだ。

もちろん、個人的な相談には応じてもらえる。しかし、政策論争には一切タッチできないし影響力もない。かといって、日本の民間銀行からやってきた一個人が、ミャンマー新政府のキーパーソンをすぐに見つけられるわけもない。

せっかくいいところまで駒を進めてきたのに、振り出しに戻ってしまったのか。いや、完全な振り出しではない。旧政権の幹部・閣僚は更迭となったが、各省庁の局長など事務方のトップや管理職はほぼ同じメンバーだ。時間はかかるが、そちら側から人脈を築いていくしかない。そう気を取り直した矢先、意外な場所である人物と遭遇した。

一二月に開催されたミャンマー工業省主催の中小企業セミナーでのことだ。同セミナーのことはたまたまニュースで知り、土曜日の開催だったので、聴講を思い立った。会場に入って仰天した。なんと、新工業大臣に加えて、旧財務副大臣のマウン・マウン・テイン氏も来場していたのだ。

セミナーでの説明を聞いて、ようやく事情を理解できた。マウン・マウン・テイン氏は軍政であった前政権の閣僚だったが、彼自身は軍出身ではなく、知識人としてその職にあたっていた。また、ここまで述べてきたように、融資保険商品を立ち上げるために力を尽くしていた。こういった情報が新工業大臣の耳に入り、工業大臣が委員長として新たに設立される、政府の委員会の一つである中小企業発展中央委員会のメンバーに招聘されたということだった。これからは財務副大臣ではなく、中央委員会理事としてアドバイスをもらえる。運と人脈は途切れていなかった。

中小企業メンバーカードの活用

この中小企業セミナーは、二〇一五年四月に従来の中小企業発展法が改正されてから初めて開かれたものだ。それだけに関係者の注目は大きかった。この法改正で、私がとくに着目していたのが、中小企業に対する「登録制度」の設置である。これは、工業省の各地方局が現地の事業者に対して、中小企業発展のメンバーであるという趣旨が書かれた顔写真入りメンバーカードを発行するというものだ。

事業者は登録を義務付けられているわけではないが、登録すると、セミナーの案内や紛争処理の支援など、事業を運営するうえでさまざまな恩恵を受けられるようになっている。

カードの二次元バーコードには、連絡先住所や事業内容、資本金など、少ないながらも企業情報が登録されることも予定されていた。工業省は、登録者数を増やし、データベースとして活用することを視野に入れているのだろう。政権が交代して、新しい工業大臣は実績をアピールしたい。メンバーカードの普及はいいアピール材料になるわけだ。

その仕様を知ってひらめいた。融資保険の申し込みを保険庁が受け付けるときに、このメンバーカードがあれば、本人確認資料の一部として利用できる。将来的には、企業情報や信用情報制度の構築にも役に立つに違いない。

善は急げだ。セミナー会場にいた工業省の副局長に近づき、こんな提案を持ちかけた。「このカードの保有を融資保険の申し込み要件にすれば、保険庁も助かるし、工業省にとってもカード発行のインセンティブとなる。ぜひそういう取り扱いをしたい」

彼女はうなずきながら、「来月（二〇一六年一月）にスモールミーティングを開いてあげるから、そこでプレゼンテーションをしてください」と発展的な提案をしてくれた。

講師業に明け暮れる日々

このことがきっかけとなって、私は年明けから週に一度のペースで、工業省、財務省、ミャンマー銀行協会など、さまざまな会場でセミナー講師を務めることになった。

長らく軍政であったミャンマーでは、言論の自由もままならずセミナーなどの開催は非常に限られており、かつその内容も限られていたと聞いていた。しかし、民主化への流れはこの様な文化的イベントの開催にも拍車を掛け、さまざまな団体・政府機関がこぞってセミナーを開催し始めたのである。新聞にも取り上げられる回数が増え、とくに中小企業の発展に関する話題は掲載されない日がないくらいであった。セミナーでの講演者のプロフィールは、役人、大学教授、業界団体幹部、外国の支援機関などさまざまである。セミナーは土日や祝日に開催されることがほとんどであり、私も興味本位で会場を覗く機会が増えた。しばらくして、自分も講演してみたいという気持ちが高まっていき、気がつけばさまざまな金融セミナーを企画する側に回っていた。もちろんすべて無報酬である。

講義の内容は、ミャンマーの金融制度と改定版の融資保険の説明である。工業省のセミナーには毎回多数の事業者が集まったため、新商品を効果的に宣伝することができた。

ミャンマー銀行協会のセミナーは、三井住友銀行による金融人材育成支援という枠組みで行われた。同協会と三井住友銀行は当時正式に覚書を締結しており、私がそのアレンジメント役と講師を担当した。ミャンマー地場銀行の職員を毎年三〇名ほど集め、財務諸表の分析の仕方について一週間かけて学ぶというコースも含まれていた。

ミャンマー・ジャパンセンター（ミャンマー日本人材開発センター）での講義も印象深かった。このセンターは二〇一四年にＪＩＣＡの支援を受け設立されたもので、ミャンマー人経営者育成を目的としている。セミナー参加者の顔ぶれは、民間事業者の経理、マーケティング、一人ＣＥＯなどさまざまだ。

講義は休憩を含む午後一時から四時の三時間。これを一〇日かけて行うので、「三〇時間セミナー」と銘打った。プログラムはミャンマー銀行協会とほぼ同じ内容である。通訳は、ヤンゴン経済大学卒業の経済博士で、トヨタの名古屋工場にも数年勤務したことがあるミンサン氏という方が担当してくれた。ミンサン氏からは、私が講義したような内容を聞くのは初めてで大変参考になった、という感想をもらった。講師冥利に尽きるうれしいコメントだ。

その後、ミンサン氏とのご縁から、ミャンマーで最も歴史のある大学の一つであるヤンゴン大学で学生と卒業者を対象に、財務諸表の分析の方法に加え、実践で使える損益分岐点分析など二時間程度のゲスト講義を行った。地方大学の農学部出身の私がミャンマーの由緒ある大学で経済学の講義をするのだから、人生何が起こるかわからない。三〇年前の私がこのことを知ったら、さぞかし驚くことだろう。

念願の第一号案件

銀行協会でのあるセミナーを終えて数日後、予期せぬ問い合わせが民間第二位、第三位の銀行から立て続けに舞い込んだ。連絡をくれたのは、いずれもセミナー参加者であり、銀行の中小企業融資部の責任者である。「融資保険の利用を検討したいが、具体的な手続きや保険庁への申し込みの流れを教えてほしい」と、問い合わせの内容も同じだった。

まず、第三位のコーポラティブ銀行（CB銀行）の責任者と面談した。話を聞いて、事情がよくわかった。民間銀行のトップには、支店数三五〇、マーケットシェア三割のKBZ銀行が君臨している。CB銀行は長らく二位をキープしていたが、エヤワディ銀行（AYA銀行）の猛追撃を受け、二〇一四年、ついに追い抜かれてしまった。危機感を覚えたCB銀行幹部は、シンガポール人など外国人を採用し、近代的な銀行経営を導入して挽回しようとしていた。その一環として、新商品である融資保険導入の検討を始めたという。

面談では、具体的な貸出先も挙がった。托鉢用の「お椀」を製造する業者である。ミャンマーは国民の八割が仏教徒であり、毎朝、夜明け前になると、お坊さんが一〇〇名程度の列をなして、民家を回る托鉢の光景がよく見られる。この托鉢時に、ご飯や食べ物を入れてもらうお椀を製造している小規模事業者が、製造ロットを少し増やすため、材料と器具を購入する資金を必要としているらしい。お坊さん相手の薄利の商売なので、同業者は次々と廃業し、いまや主たる製造業者は今回の事業者を含め三社しかないそうだ。

まずは現場を見てみたい。さっそくCB銀行責任者とともに事業者を訪問した。

作業場兼自宅は、ダウンタウンから車で二〇分のインセインという場所にあり、住居や小規模工場が密集した街のなかで、約五〇坪の作業場を構えていた。日本人ジャーナリストの北角裕樹さんを収容していたインセイン刑務所があることで知られている地区だが、平時は治安が悪いわけではない。

托鉢用のお椀の材料は錫である。製造過程を見るまでは、錫を溶かして型に流し込んで作るのかと想像していたが、まったく違っていた。まず、一メートル四方、厚さ五ミリくらいの錫の板から金切り鋏で丸く型を切り取る。その切り取った部分を直接、成形していくのだ。その後、焼き釜に入れ冷却した後に天然の黒い漆を塗って完成である。

熟練工の見事な手仕事に思わず見とれてしまった。社長は、自分たちが淘汰されずに生き残った理由について、次のように説明してくれた。

「お椀の中にはご飯や食品などを入れるので、我々は塗料には化学薬品は一切使っていない。費用の安い化学品を使用している同業者もいたが、私はこの一線は譲れないんだ。販売先の開拓にも努力している。そのかいあって、お坊さんの学校や托鉢道具専門店を顧客として多数抱えている。販売した後の代金回収は、帳簿をつけて忘れないようにしている」

立派な社長さんだ。ミャンマーでは代金回収がおろそかになっているケースが珍しくない。その点も帳簿をつけてしっかり管理している。私が気になっていた利益率について尋ねても、「薄利に耐えられず廃業した同業者は多いが、現在は数社しかないので、適正な利益が確保できている」という。

この事業者は担保物件を保有していないため、これまで銀行からお金を借り入れるという発想はなかった。だが、今回の融資予定金額は日本円にして八〇万円程度とさほど大きくない。万一銀行が回収不能になった場合でも、六〇％が保険庁から補塡されるので、銀行のロスは三二万円程度で収まる。事業内容もしっかりしている。二位から三位へと順位を下げたＣＢ銀行は巻き返しを図る戦略として、優良な事業者の小口の案件については、無担保の信用保証付き融資に取り組もうとしていたのだ。

無担保というケースは想定していなかったが、結果オーライである。とうとう初めての申し込みだ。保険庁も画期的な出来事と捉えたのだろう。後日、長官、部長、副部長のほか、二名の鍛えられた「志士」と私で、再度事業者を正式に訪問し、申し込みの意思確認を行った。

翌週、保証承諾が決定され、ＣＢ銀行に通知した。二〇一六年三月、晴れて第一号案件が成立した。ひとりぼっちのミャンマーミッションを始めて丸三年の苦労が、ようやく実を結んだ瞬間だった。信用保証付き融資の第一号であったこともさることながら、ミャンマーの金融史上初となる、銀行の無担保融資が実現したことになる。

大使館のアシスト

なお、ほぼ同時期に、民間第二位のＡＹＡ銀行の担当者と面談まではしたものの、同行は急成長途上にあったため新商品を取り扱うことに対する組織的な決定に手間取り、この際は正式な申し込みには至らなかった。だが、セミナーでの「布教」が功を奏したのか、ＣＢ銀行に続いて、最大手のＫＢＺ銀行からも申し込みが届いた。だが、まだまだ息を抜けない。ミャンマーには三〇の銀行がある。そのうちのたった二行の利用しかないのでは

「公的制度」というには程遠い。引き続き、ミャンマー各地への銀行行脚が必要だろう。

もう一つ私が課題としていたのは、融資保険に対するミャンマー政府の認知度が低いことだった。スーチー氏もこの制度に対して消極的だったことを思い出す。

何か策を講じなければならない。私は在ミャンマー日本大使館を頼ることにした。大使館は、当地に進出している日系企業や邦人の安全確保や経済協力のための橋渡し、政府間の問題解決などを役割としている。ならば、ミャンマー政府の動向にもくわしいはずだ。

私が抱えている課題を相談すると、すぐに大使館経済班の担当書記官が動いてくれた。樋口建史大使（当時）の理解も取り付けてもらった結果、追い風となる出来事が立て続けに起こったのだ。

まず、まもなく始まる日本のＯＤＡであるツーステップローンに、融資保険の制度を組み込むことを検討してもらえることになった。ツーステップローンとは、相手国の金融機関を通じて、中小事業者に必要な資金を供与するというものだ。事業者の手元に資金が渡るまで、二つ以上の金融機関を経由することが名前の由来である。具体的には、ＪＩＣＡを通じ、ミャンマーの中小事業者発展に資する借入資金のバックアップとして初年度は五〇億円、二回目には一五〇億円が供与された。資金はミャンマー側のエージェント銀行である国営経済銀行を通じ、資格要件を満たした各民間銀行に貸し出され、そこから担保状況や事業内容をふまえて審査をした後に中小事業者へ貸し出される。

このツーステップローンを通じてミャンマー企業が融資を受ける際、融資保険を利用すると担保条件が緩和される仕組みを検討してくれたのである。

さらに大使館は、ミャンマー政府と日本政府に対するアピールの場も用意してくれた。ミャンマーと日本の相互経済発展のための問題解決の場である「日ミャンマー共同イニシアティブ」という会合で、私の活動が正式に取り上げられることになったのだ。

二〇一六年六月に開かれた同会合には、日本側は樋口大使、ミャンマー側はチョー・ウィン計画・財務大臣（新政権発足後、国家経済計画省と財務省が統合され、計画・財務省となった）をヘッドとし、ミャンマーに進出している日本企業各代表、ミャンマー関係省庁大臣や責任者が一堂に会した。その場でこの融資の仕組みが参加者たちに紹介された。以後、信用保証付き融資制度は広く政府関係者から認知されるようになったのである。

当時はツキも味方してくれていたのだろうか、それからしばらくして、思いがけない吉報が舞い込んだ。

二〇一五年一一月に発足したＮＬＤ政権であったが、なかなか成果が目に見えてこず焦りがあった。そこで経済政策にテコ入れすることを自らアピールするため、二〇一六年一〇月にスーチー氏主催のミャンマー政府経済会議の開催を予定していた。会議に際して、外国企業代表として、三井住友銀行ヤンゴン支店長にスピーチ依頼があったのだ。三井住友銀行は二〇一五年四月に、外国銀行として初めて支店開設が認可された銀行のひとつであり、ミャンマーに進出している日系企業はもとより外国企業とも多数の取引をすでに進めていた。それもあってのスピーチ依頼だろう。

支店長のスピーチでは、外国企業や銀行の活動に加え、中小企業発展への貢献という文脈で私のプロジェクトも紹介してくれた。翌日、国営紙をはじめ、すべての朝刊にこの会議の様子が掲載された。それだけメディアからの注目も高い会議だったのだ。

スーチー氏肝いりの会議で、私の活動が知れわたることになった。しかしながらこのプロジェクトに対するコメントが発せられることもなく、私はスーチー氏自身が中小企業融資の重要性と金融の本質を理解したとは感じられなかった。ただ、国家のお墨付きが得られたことだけが私にとっては重要であった。情けないことであるが、清濁あわせもつことも国家プロジェクトには必要なのであると悟った。

CB銀行からの要望

信用保証付き融資の取り扱い実績は少しずつ増えていったが、いずれもヤンゴンの事業者からの申し込みだった。友人が支店長を務める国営経済銀行が進めようとしていたマンダレーの事業者への融資は、事務方の作業が滞っていたため、いまだ実現していなかった。

一方、二〇一六年一二月のある日、一号案件以来、積極的に制度を活用してくれているCB銀行から、マンダレーの事業者の申し込みがあるという連絡を受けた。

同時に、CB銀行幹部（中銀出身のベテラン女性）から「マンダレー支店の案件を正式に申請するのは今回が初めてだが、支店ではすでに一〇件以上の申し込みを受け付けている。毎回CB銀行ヤンゴン本店を経由して申し込むと時間のロスになるので、CB銀行マンダレー支店から直接保険庁本店に申し込めるようにしてもらいたい」という要望があった。

保険庁はヤンゴン本店の他、全国に三八の支店を設置している。だが、二〇名の志士たちはすべて本店に所属していることから、全国の案件は各銀行の本店を通じて、保険庁本店に申し込みという流れで制度をスタートさせた。つまり保険庁の支店は申し込みに関与しないという流れである。したがってCB銀行のマンダレー支店で受け付けた案件も、いったんCB銀行ヤンゴン本店を経由して保険庁の本店に申請しなければならなかったのだ。

聞けば、ＣＢ銀行は中小企業融資をさらに推進するために、ヤンゴンとマンダレーの二か所に中小企業センターを創設する予定だという。センターには専門職を配置し、信用保証付き融資を活用するほか、モバイルバンキングやビジネスマッチングなど、中小企業のニーズにワンストップで対応できる体制を構築しようとしていた。

今後もマンダレーの案件が増えることは確実であり、ＣＢ銀行からの要望はもっともである。そこで保険庁部長と相談をし、長官に「保険庁の本店で最終審査は行うものの、申し込みの受付や保証承諾後の各種事務手続きを保険庁のすべての支店で行えるように権限移譲したらどうか」という提案をした。

長官からは、本店の志士二名と私が各支店へ毎回出張し、これまでのノウハウを手取り足取り教えこんでいくという条件付きで了解を得ることができた。ただし、体制を整える時間も必要であり、庁内の規定も改定しなければならないことから、権限移譲の実行は少し後にし、当面は各銀行支店から保険庁本店に申込書を送付することを認めるところからスタートしようという結論に至った。

権限移譲がすぐにできなかったのは残念だが、ＣＢ銀行から申込書を保険庁本店に直接送るということは、保険庁長官の同意を得られたこととなり、ＣＢ銀行の要望には満額回答の結論である。これでCB銀行幹部の顔をつぶさずに済むと思い、ほっとした。

以後、CB銀行マンダレー支店からの申し込みは順調に増えていった。以前、マンダレー出張の際に知人の紹介で顔を合わせた事業者たちも、CB銀行マンダレー支店を通じて、借り入れをするようになった。みな、生まれて初めての銀行借り入れだったようだ。

ヤンゴン・マンダレーという大都市圏は押さえた。これからは地方に飛んでいこう。

草の根の個別訪問

主要都市への行脚を続けながら、私は新しい試みに取り組んでいた。「融資保険を希望する事業者への個別訪問」である。

先述したように、信用保証付き融資を希望する事業者は、工業省にメンバーカードを申請することが条件づけられていた。事業者は、工業省から発行されたメンバーカードとともに必要な書類を銀行に提出し、審査・申し込みへと手続きが進んでいくことになる。

だがデータを見ているうちに、メンバーカードを受領してからの事業者のアクションにばらつきがあることがわかった。スムーズに書類を銀行に提出する事業者は少なく、銀行から何らかの連絡があると事業者が勝手に思い込んで、メンバーカードを保管したままじっと待っていたり、銀行へどのように申し込んだらいいかを考えあぐねていたりするケースが非常に多くなっていた。ミャンマーの小規模事業者は恥ずかしがり屋が多く、どうも積極的に自ら行動するというより待つ傾向があるようだ。これは仕方のないことでもある。ミャンマーではほとんどの事業者が銀行を利用したことがなく、預金口座すら保有していないのだから、融資の手続きにとまどうのは無理もない。

そこで私は、工業省中小企業発展局から融資を希望してメンバーカードを発行された事業者の情報をもらい、できるかぎり個別訪問をして手続きのアドバイスをすることにした。CB銀行やKBZ銀行の受付窓口を教えることもあれば、その場で各銀行の融資担当部署に電話をかけて担当者につなぐこともあった。そうやって草の根のアドバイス活動から、少しずつ庶民の理解を広げていったのだ。

あるとき、セミナーで知り合ったインド系ミャンマー人のCEOに「ミスター・イズミはわざわざそんなことをする必要はない。あなたはもっと視野の広い、ダイナミックな動きをすべきだ」と言われた。CEOの言うことは一理あるかもしれない。「しかし、これは私のポリシーなのです」と答えた。「ポリシーなら仕方がない。ミスター・イズミが納得するようにすればよい」と返ってきた。CEOからすれば、私のような外国人がミャンマーの中小零細事業者と個別に接触することはスケール感として違和感があったのであろうし、私も客観的にはそのように感じないわけではない。しかし、他の外国人コンサルタントと同じような行動パターンでは絶対に成し遂げられないプロジェクトであることは私自身が一番理解していたので、あえて草の根活動に踏み込んだのだ。

ミャンマーはヤンゴン管区、マンダレー管区などの七管区とシャン州・モン州などの七州、合計一四の州管区に分かれている。全国行脚を開始してから足掛け四年を迎え、気がつけば一四州管区すべてを訪れていた。町の数では百か所以上にのぼる。外国人が立ち入り禁止となっている区域以外であればどこにでも顔を出し、地場の事業者に面談をした。いつの間にか、各地を訪れた際に「オー、ジャパン、ジャパン」と声をかけてもらえるようになった。「私は日本政府関係者でもないのにそんなふうに呼ばれていいのか」と思いつつも、やがて自ら「ジャパン、ジャパン」と言いながら、どんどん奥地へ進んでいった。

全国行脚と草の根の個別訪問は着実に実を結んでいった。信用保証付き融資の利用者は全国各地に点在するようになり、そこからさらに口コミのように利用者は広がっていった。二〇一七年七月には、取り扱い件数がついに一〇〇件の大台に乗った。そのなかのいくつかの事例を写真で紹介したい。

CGI融資第一号案件の托鉢用お椀製造事業者。
左は社長。右が筆者。

バス車体の修理業者。
日本では廃車同然の状態であっても、ミャンマーでは立派な現役!!　こうして地道に修理を繰り返し大事に使われている。

マンダレー州で金箔製造を行う事業者。ミャンマーでは仏塔や仏像に金箔を貼って祈禱する習慣がある。金箔はこのような零細事業者が一枚一枚手作りしている。

ミャンマーで流行している「チンロン」という蹴鞠の競技のボールをつくる事業者。プラスチックや竹で一つ一つボールを編んでいく。

ござを作る事業者。
ござは一本一本の藁を手作業で編んでいく。原料のわらも近隣で大規模に栽培されている。

中北部シャン州のコーヒー栽培・加工・販売会社。
ミャンマーでは最も有名なコーヒー事業者である。中央が筆者。

ヤンゴンなど都市部では、このような大量生産時代の日本のミシンが活躍し、女性職人がみるみるうちに服やズボンを仕上げていく。

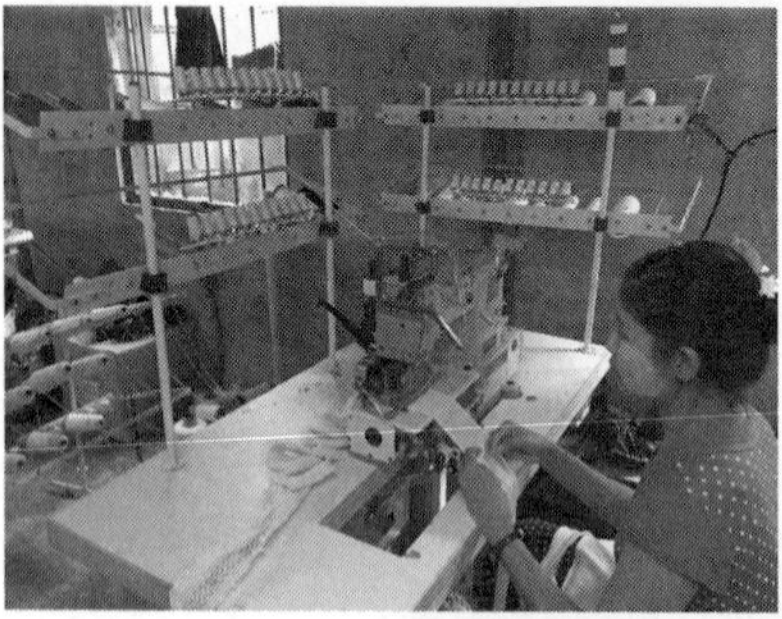

都市部のやや規模の大きい事業者では、このようにマルチ式糸繰りのミシンが導入されているところもある。これなら複雑な色の組み合わせの糸や布地を作ることができる。

さらに都市部では、コンピュータ制御された最新式織機を導入し、複雑な模様の生地（主に女性用ロンジーに使用される）が織られている。ほとんどが中国向け製品となる。

中北部シャン州の農業組合（生姜・ゴマ）宛の融資説明会。円卓右は筆者。

マンダレー南部の精水工場用のタンク製造業者。さまざまなサイズのタンクがある。

北部チン州の菓子パン工場。
クッキーのようなものを生地から作り、焼いている。

融資トラブルの発生

頭の痛いトラブルが発生した。ＫＢＺ銀行が信用保証を付けて融資した三件のうち、二件が利息の支払いを遅延し始めたのだ。一件は、ＫＢＺ銀行が融資先と回収交渉をしたが不発に終わった。もう一件は、運転資金のための借り入れとして申し込んだにもかかわらず、社長個人の自家用車を購入していたことが判明したのだ。いわゆる、資金使途違反である。

回収不能と判断したＫＢＺ銀行は、保険庁に対し保険金請求を申し出た。保険庁部長から相談があったので、私は「ＫＢＺ銀行の責任者を呼んで詳細な説明を求めてください」と部長に指示を出した。保険金を支払うためには、返済が遅延することになった経緯や事情を知る必要があるからだ。

そもそも、資金使途違反の場合、保険金が支払われないことは、約款にも明確に記載されており、常々セミナーでも話していたことだ。にもかかわらず、なぜ使途違反が防げなかったのか。それも確認しなければ、手続きは進められない。

ＫＢＺ銀行からの返答は驚くべきものだった。

「保険庁がすんなり請求を引き受けないことに対して、担当役員が激怒している。保険をすぐに請求できないのなら、保険の意味はない。もう二度と保険は利用するなと役員が全支店三五〇か所に知らせた」

　これを聞いて、さすがの私も激怒した。回収努力もしない、融資先の事情を聞き、支払い猶予などの対策も考えない、ましてや資金使途違反を見落としたうえで免責事項も無視をする。この銀行にはガバナンスがないのであろうか。

　私はＫＢＺ銀行の中小企業融資担当幹部を訪れ、くわしい事情を尋ねた。幹部によれば、役員の意向は固く動かないとのことだ。やむをえまい。以後、ＫＢＺ銀行に対しては他行の進捗情報だけは伝達し、静観することにした。ＫＢＺ銀行は私が所属する三井住友銀行の提携銀行であり、私の活動から両者の関係が悪化することは避けねばならなかったからである。

　私個人はあくまでも元財務副大臣のアドバイザーであり、このトラブルも三井住友銀行の本業とは関係がない。だが、彼らがどのように捉えているかはわからない。勘違いして、「三井住友銀行から協力するように言われたので、信用保証付き融資をやってみたものの、こんなに損失が発生した」などと言われても困る。私はすぐに三井住友銀行本部に事情を説明し、融資保険については、彼ら自身がアクションを再開するまで静観することの了解を得た。

ＫＢＺ銀行からの二件の保険請求は却下したが、同様のトラブルが他行で発生することは絶対に避けなければならない。そこで当面は、保険庁職員とともにすべての申込者のところへ私が同行することにした。それまでは、可能なかぎりというかたちで同行していたが、今後はすべて同行することにしたのだ。

その意図は、保険庁職員を教育することにあった。申込者の理解と銀行からの説明が一致しているか。申込者が勘違いしていることはないか。自分がまずやってみせ、私がいなくても、保険庁の職員自身がチェックできるようにしたかったのだ。

特に注意を促したのは、融資申し込みの金額が事業に必要な資金に足りているかを確認することだった。事業に必要な資金に対して融資額がまったく足りていなければ、融資代金が違ったことに費消されてしまう可能性が高い。この国の金融従事者に金融リテラシーを伝えることも、私の重要なミッションなのだ。

法案策定委員会への参加

第一章で、信用保証付き融資制度をつくるためには、人材、予算、法という三つの条件を満たさなければならないことは説明した。

人材育成は苦労しながらではあるが進んでいる。予算についても、先のKBZ銀行以外は保険金請求に至る融資事故もなく、当面の心配は不要だった。取り扱い件数が一〇〇件を超え、いよいよ全国区としてミャンマー中に認識され始めたことを受け、計画・財務大臣から、信用保証協会法を策定するための法案策定委員会を設置する、という通知が保険庁長官のもとに届いた。これまで、保険庁の一保険商品として暫定的に運用していた制度を、日本や他国のように専業の機関（信用保証協会）を設立して、この業務を保険庁から移管するというものである。

同委員会は、保険庁長官を委員長とし、中央銀行、国営経済銀行、計画財務省、銀行協会から複数人が委員に指名された。私もそのメンバーに任命された。

第一回会合はヤンゴン保険庁本店で二〇一七年一二月に開催され、保険庁職員を加えた総勢二〇名が一堂に会した。会議では、委員長からの主旨説明に続き、私からは信用保証付き融資保険の概要や今後の計画に加え、法律策定の必要性を説明した。

その後、次回の会議からは法案のドラフトにもとづいて、具体的な法案策定の議論に入ることが確認された。だが、問題は「誰が法案ドラフトを起こすか」である。

「それでは、ミスター・イズミに次回までにドラフトの準備をお願いしたい」

それがあたかも当然のように、委員長が言った。他の委員の視線からも無言の圧力が感じられた。そうなるのではないかと、薄々予想はしていた。実際、それは私がやりたかったことだ。私は迷うことなく、ドラフトの起草を引き受けた。期限は次回会合までの一か月。時間の流れが一気に加速したように感じた。

地方出張のダメージ

法案ドラフトの起草という重い課題を抱えながら、二〇一八年一月を迎えた。年明け早々、お年玉が降ってきた。国営経済銀行マンダレー第一支店から、心待ちにしていた初めての融資保険の申し込みが保険庁に送られてきたのだ。

同時に、CB銀行では全国の支店で中小企業融資の推進を加速させていた。この時ばかりは保険庁本店の審査キャパシティが限界だったので、再度、長官に「支店への申し込み受付と一次審査の権限委譲」をお願いした。長官の快諾を得て、私は全国各地の保険庁支店三八か所への行脚を始めることになった。

はたしてドラフトを書く時間は捻出できるのか。だが、まずは目の前のミッションを片付けていかねばならない。ヤンゴンから車で行ける範囲は片道五時間が限度だ。それを超える場所は、ヤンゴンから飛行機で地方空港へ向かい、そこから別途手配をした車と運転手で保険庁支店を経由し、申込者の事業所とその取り扱い銀行を訪問する。

週のほとんどは出張になった。地方に行くことが増え、日帰りは不可能なため、ヤンゴンの自宅アパートで寝ることができるのは週に二日程度だった。残りすべての日は地方のホテル生活だ。あまりにも目まぐるしく生活環境が変化したため、夜中に目覚めたとき、自分の居場所が瞬間的に認知できず、トイレの方向がわからなくなることもあった。

地方ではインターネットも通じにくい。地方のホテルではWi-Fiの速度が極端に遅く使い物にならない。とくに雨季は停電も多く、頻繁に回線が切れてしまう。持参したパソコンで報告書などのメールを書いている最中でも、何度となくデータが途中で消失してしまうハプニングにも見舞われた。

健康管理にも悩まされた。食あたりは毎週のように起こしていたが、数か月に一度、激痛が腹を襲い、発熱・嘔吐で何も食べられない状態が三日間は続いた。飲料水のペットボトルは常備していたものの、料理や食器類の衛生面が完璧ではないため、菌が胃に入ってしまうのだ。三日間の苦闘を終えると、たいてい体重が四キロほど減っている。直後に保険庁に行くと、職員から「痩せた？」と聞かれることもあった。ただ、なぜかこの腹痛は金曜日に起こったため、私の業務には影響がほとんど出なかったのは幸いだった。胃の中にピロリ菌は発生してしまったが。

北の果てまで

ミャンマーは南北に長い。北部カチン州やチン州は標高も高く道も険しい。当時、チン州の州都ハカー市にある国営経済銀行の支店から、信用保証付き融資を検討している事業者がいるので来てほしいという依頼があった。

目的地まで尋常ではない行程だった。まず、ヤンゴンからザガイン管区とチン州の境にある町まで飛行機で一時間半。そこからチン州の州都まで、険しい山岳地帯のつづら道を車で九時間である。ザガイン管区の空港へは二日に一便、それも午後に到着するものしかないので、初日はザガイン管区のカレーミョー市に到着後、空港近辺のホテルに一泊し、翌朝早朝三時に車で出発、昼過ぎにやっと事業者のところへ到着した。

チン州は複雑な歴史的背景をもった地域だ。ミャンマーの代表的建築物であるパゴダや寺院がまったくない。その代わり、キリスト教の教会や十字架が至る場所に建っていた。宣教師が活躍したこの地域ではキリスト教が主流なのだ。

九時間の道中、山の尾根に沿った素晴らしい景色が目に入ってきた。州都ハカーはこぢんまりした山の町である。事業者は小高い丘の上で菓子パン工場を営んでいた。二〇一三年に初めてミャンマーを訪れ、ひとりホテルの机で制度の構想を練っていたが、その五年後にまさかこんな果ての場所で、私のつくった制度が利用されるようになるとは夢にも思わなかった。

事業者、保険庁支店、国営経済銀行支店の訪問を終えると、すでに夕方四時になっていた。観光で訪れるような場所ではないから、ホテルらしきものはない。

国営経済銀行職員に宿泊予定先を訪ねると、洋服小売店の二階に設置されている、ゲストハウスに案内された。支店長の姉妹が経営しているという。事前に支店長が手配をしておいてくれたらしい。

通常は二名一室だが、特別に独占して使わせてくれた。シャワー・トイレは共同だ。夜間は冷えるため、木製の小さなベッドには大量の毛布が敷かれている。日本では見かけなくなったゴム製の湯たんぽも備え付けられていた。

翌朝、寒さに目が覚めてボーっとしていたら、部屋のドアがノックされた。開けると、昨日面談した国営経済銀行の支店で働いている若者二人が立っている。

「近所に美味しいモヒンガ屋があるので一緒に行こう」

宿泊所には食堂がないので、昼まで我慢しようと思っていたが、気を遣って食事に誘いにきてくれたのだ。ありがたい。食事から帰って身支度をし、再び国営経済銀行に行き、支店長にお礼を述べてから九時間の復路に出発した。町の下半分は雲に覆われていた。しばらく天空の城のような景色に見とれていた。

保険庁支店への行脚は忙しいが充実した毎日だった。それも一段落した。いよいよ明日から法案ドラフトに取り掛からなければならない。期限は二週間後に迫っていた。

ミャンマー信用保証協会法のドラフト

法案ドラフトは、日本の制度を参考に進めることにした。というより、私は日本の制度しか知らないので、それしか方法はなかった。

あらためて日本の信用保証制度について、解説しておこう。多少専門的な説明になってしまうので、飛ばして読んでいただいてもかまわない。

正確にいうと、日本の制度は「信用保証」制度と「信用保険」制度の二つに分かれている。これを総称して信用補完制度という。

民間銀行の貸出に対する公的保証人の役割を負っているのが全国五一か所に設置されている信用保証協会である。信用保証協会は、民間銀行からの請求にもとづき、貸出元本の八〇%を銀行へ補填する。この部分が「信用保証制度」だ。

一方、各信用保証協会は、銀行に支払う資金を確保するため、政府機関である日本政策金融公庫と保険契約を締結している。この保険契約にもとづき、信用保証協会には、銀行に補填した額の約八〇%が公庫から支払われる。この部分が「信用保険制度」である。

（信用保証協会は日本政策金融公庫から、もともとの銀行融資元本の八〇%×八〇%、つまり六四%が保険金として補填される仕組みである。）

さらに日本政策金融公庫は、信用保証協会への保険金支払いに備えるため、一定の準備金を確保しているが、毎年の損失に備えて、日本政府は毎年度必要な額を国家予算として計上している。つまり日本では、中小企業と銀行が安心して活用できるように、信用保証の制度が強固な政府予算によって支えられているのだ。

もちろん、この枠組をそのままミャンマーにコピーするのは不可能だし、やるべきでもない。ミャンマーの実情に合わせて換骨奪胎することが必要だ。

日本では、信用保証制度と信用保険制度に対して、それぞれ信用保証協会法と中小企業信用保険法が法的根拠となっている。さらに、中小事業者の活動は中小企業基本法が規定している。私はこれら三つの法律を読み直したうえで、ミャンマーの実情に合う法案を組み立てていくことにした。

とはいえ、言うは易しである。ミャンマーの法案をつくる以上、現行法の構成や分量、文体についても勉強する必要がある。とくに、銀行業を規制する規則や金融機関法については、あらためてしっかりと確認する必要があった。たとえば、銀行の定義一つをとっても、民間商業銀行、国営銀行、特殊銀行、最近認められた外国銀行などさまざまな種類があり、その機能や業務範囲も異なっている。信用保険協会法の策定に際しては、それらとの整合性を取ることも必須だろう。ヘタな法案をあげたら、法案策定委員会メンバーの顔をつぶすことになりかねない。

私は必死になってミャンマーの法律を学びながら、法案のドラフトを組み立てていった。まず、銀行の意思決定方法、特に貸出に関する決裁はどのような規制にもとづいて行われるか。次に、銀行が債権を回収できなくなったことをどのように認識し、その後債権保全に関してどのようなアクションを取る必要があるのか。最終的に保険庁が銀行に対して保険金を支払った場合、どのようにその事実を事務手続きに落としていくのか。また、その際、保険庁の決算にどのように影響を与え、利益の国庫納付にどのような影響があるのか。

　こうしたさまざまな問題について検討を重ねていったが、保険庁の保険金支払いが当初どの程度で推移していくのかを予想することは非常に困難だったため、制度開始後五年程度は、たとえこの業務で利益が計上されたとしても、その利益を国庫納付することを猶予してもらい、将来の財務引当金として保険庁に積み立てられるように法案設計を行った。新たに設立される信用保証協会は国営企業となるため、通常の国営企業同様、年度利益に対して一定の率で国庫納付することが法律で求められることになるからである。苦労はしたが、この経験は後の仕事にも大いに役立つことになった。

はらわたが煮えくり返る「事件」

　なんとかドラフトの素案を仕上げ、委員会はスタートを切ることができた。会議では、委員からじつにさまざまな意見が出た。ありがたいことだ。毎回、修正事項や追加事項が出るので、それを私がドラフトに反映させて一か月後にまた議論する。会議は理想的なサイクルで進行していった。

　委員会メンバーには頼もしい助っ人がいた。以前、信用保証付き融資の申し込み手続きに関する要望を出してくれたＣＢ銀行の女性幹部である。この委員会には民間銀行は招聘していなかったが、彼女は銀行協会の代表としてメンバーに入っていた。ミャンマーにも銀行の業界団体として銀行協会（Myanmar Banks Association）が設立されており業界としての要望の取りまとめや中銀指針の伝達などが行われている。銀行協会では三年毎に会長行が選出されるのだが、ＣＢ銀行が昨年から会長行に任命されており、その代表として彼女が参加していたのである。じつは、彼女はＣＢ銀行の前にミャンマー中銀に勤務していたこともあり、銀行の規制や運営に精通していた。毎回の委員会では他の委員がうんざりするくらい、ディテールにこだわった指摘が次々に彼女からなされたが、私には非常に勉強になった。毎回の委員会で、彼女にどれだけ助けられたか、わからない。

順風満帆に思えた委員会に突然、嵐が襲いかかってきた。二〇一八年六月に開かれた七回目の会合のことだ。ＡＤＢのプロジェクトチーム責任者フィリピン人と、そこに雇われたオーストラリア人法律コンサルタントが、何の前触れもなく委員会に参入してきたのだ。

二人は、信用保証協会の設立に高い関心を持っており、公式にこのプロジェクトを援助したいということだった。すでに計画・財務大臣など関係者にも複数回面談を行っており、支援の概要について、この会議の直後に大臣からマスコミに発表されたのだが、このような背景のもと、彼らは委員会に参加することになった。

　私は、内心、はらわたが煮えくり返るような気持ちだった。彼らが会議に現れるまで、私は何も知らされていなかった。これまでどれほど訴えても、誰も私のプロジェクトを手伝ってくれなかったのに、突然のこの展開をどう受け止めればいいのか。

　この感情をぶつける相手はいない。誰かに怒りをぶつけたところで、事態が変わるわけではない。この突然の事件は、自分自身で消化するしかなかった。

　ここまで、人材育成や地方への宣伝など、草の根活動で進めることはできた。しかし、ＡＤＢは、法案にもとづいて将来的に設立される予定の信用保証協会への出資など、六〇〇〇万米ドルの金融支援や人材派遣などすべての分野で支援したいと申し出ている。その事実だけを見れば、私が腹を立てることではない。いや、ミャンマーの金融の発展を考えれば歓迎すべきことだ。心をそう切り替え、以降は彼らと協力して法案策定を進めることにした。

　だが、すぐに会議には暗雲が立ち込めてきた。これまで進めてきた法案ドラフトに対し、オーストラリア人コンサルタントが膨大な追加と修正を加えてきたのだ。我々のこれまでの議論は、こんなに手を入れられるほど未熟なものだったのか。そう思って、修正内容を細かくチェックすると、ミャンマーの実情や初期のステージには過剰な内容の条文が、無機質に並べられていた。

新設される信用保証協会の組織としてのガバナンスについての規定などにはとくに細かな修正が入っていた。法律家から見れば、至極一般的な内容かもしれない。だが、ミャンマーの金融機関の実情に照らせば、無意味に厳格なだけの内容だった。法は生き物である。その国の発展段階に即したものでなければ、機能不全を起こしてしまうこともある。そのコンサルタントの修正要求は、さながら小学生に大学生なみのレポートを要求しているようなものだ。

それればかりではない。ミャンマーの現行法での銀行の定義もよく調べず、一般的常識が記載されていた。このまま進めると他の法律と齟齬が出る。そう考えた私は、いったん持ち帰り、大幅に修正をしたうえで次回の会合へ提出したが、案の定、ＡＤＢの激しい攻勢にあった。

だが、ここで争っていても意味がない。私は会議の場で、彼らが提案してきた条文の一条一条を参加者全員で確認しながら、不要なものと受けいれるものの同意を取り付けていった。膨大な時間と労力を要したがやむをえなかった。

不愉快な出来事はもう一つあった。委員会の活動が進むなかで、日本政府関係者や日本の民間機関職員などから、「日本政府や企業にとって有利になるような条文を検討できないか」と言われたことだ。法の趣旨を理解していない哀れな方々の戯言と切り捨てた。私はミャンマー関係者として、ミャンマーのために仕事をしているのだ。

ＡＤＢの攻勢を受けても、ミャンマーのための法案をつくらねばならないという想いが揺らぐことはなかった。最終回となる二〇一八年九月、第九回目の会合で、最終版の委員会案を計画・財務大臣宛に提出する準備ができた。ドラフトは英語版であったが、正式に提出する際はミャンマー語である必要がある。先の国営経済銀行での行内規定改定の部分でも述べたが、ミャンマー人は文体や言い回しには非常にこだわりがある。そこで、例のＣＢ銀行の幹部女性が「私がミャンマー語に訳してあげるから、その後に委員会で確認しよう」と言ってくれた。彼女がいなければ法案は提出できなかっただろう。

あとは、法案の成立を祈るのみだ。

ついに中銀が理解を示した！

法案策定委員会に参加した二〇一八年は、融資保険の利用が急速に増加した時期でもあった。とくに五月頃から増え方に勢いがついてきた。先駆者のCB銀行と国営経済銀行が全国各地で取扱を加速していることに加え、新たな取扱銀行も増えてきた。

ちょうどそのころ、中小企業発展に向けたさまざまな要望が銀行協会から中銀や政府へ提出され、それを受けた中銀が画期的な制度改定を発表した。簡単にいえば、信用保証付きの融資分は、その四〇％分のみをリスク資産として計上すればよいことになったのだ。通常、融資残高は一〇〇％がリスク資産として計上されることになっているのだから、大変な優遇措置である。

この改定のポイントは、自己資本比率の低減を抑制するところにある。自己資本比率とは、総資産に占める自己資本の割合のことだ。銀行の場合、貸出金は資産であり、預金は負債になる。したがって、資本金などの自己資本が増えない限り、貸出金を増やせば増やすほど総資産が大きくなり、その結果自己資本比率は小さくなる。

当時の中銀の規則では、自己資本比率は八％以上であることが銀行に求められていた。一方、中小企業融資が急ピッチで増えている市中銀行はその分資産が増えるため、自己資本比率がどんどん下がる傾向にあった。

それを改善すべく、中銀が制度改定を行った。この改定によって、信用保証付き融資は、総額の四〇％を資産に計上すればよいことになる。つまり、総資産に計上する額が減ることになるので、それだけ自己資本比率の低減を抑える効果があるのだ。

たとえば、自己資本が三〇、総資産が五〇〇、総資産のうち信用保証付き融資が四〇〇の銀行があったとしよう。これまでの計算では、三〇÷五〇〇＝六％が自己資本比率であるが、改定後は、三〇÷（一〇〇＋四〇〇×四〇％）＝一一・五％となる。

改定の理屈は簡単だ、貸出金が保険でカバーされていれば、最悪、事業者からの回収が全額できなくなったとしても、保険庁から元本の六〇％は補塡される。つまり、貸出金のリスク割合は最大でも四〇％であることから、資産に計上する際のリスクウェイトを四〇％としたのである。

このニュースを知って、私はびっくりした。先進国では当たり前の手法だが、まだ金融制度の整備が始まったばかりのミャンマーで、このような制度改定が行われるとはまったく予想していなかったからだ。

一体、誰が働きかけたのか。後から、ＣＢ銀行の例のベテラン女性幹部が銀行協会として、公式にこの制度改定を申し入れたことを知った。法案策定委員会に続き、またもや彼女に助けられてしまった。

制度改定が発表された二〇一八年七月以降、融資保険の利用数はさらに加速度的に増えていった。同年一一月に開催されたＡＳＥＡＮ事務局主催の中小企業セミナーでは、私はミャンマー代表としてこの成果を各国に誇った。

同じころ、保険金請求の件以来、距離を置いていたＫＢＺ銀行が、突如として融資保険の申し込みを再開した。それも、他行の一〇倍にもなる額の融資である。いったい何が起こったのか。

中小企業融資担当の幹部を訪れて尋ねたところ、「当時反対していた役員が先日亡くなった。信用保証付き融資は中小企業融資に有効であると認識しているし、中銀からも推進するように指導されている。喪が明けたところなので、申し込みを再開することにした。ただし、他行に追随するのではなく、最大手銀行としてふさわしい規模の客をまずは優先して申し込む」とのことだった。

あの役員に先立たれてしまったことが悔やまれてならない。じっくりと話し合えばわかってもらえたはずだが、もうこの世にはいない。ミャンマーの上座部仏教では、人は輪廻すると教えられる。いつかどこかで再会することがあるだろうか。

その後はＫＢＺ銀行からの申し込みも順調に増えていった。取扱銀行も一〇行に拡大した。二〇一九年二月には、融資保険の利用事業者数は一〇〇〇社を突破した。そのうち、八〇〇社ぐらいは自ら足を運び、事業者と面談をしたはずだ。勧誘活動などを含めれば、おそらく二〇〇〇社は訪れただろう。

二〇一三年四月から約六年かかって、ミャンマー・プロジェクトは軌道に乗り始めていた。ミッションの完了を感じていた矢先、私は新たな決断を迫られることになった。

第四章

「実ばかりCEO」の格闘

初めての支店ツアーでダウェイ海岸にて。
この２台の車でミャンマー全支店を駆け巡った。

三井住友銀行との別れ

融資保険の利用事業者数が一〇〇〇社を突破した翌月（二〇一九年三月）、私は二八年間勤めた三井住友銀行を退職した。

ミャンマーでのプロジェクトが軌道に乗った時期になぜ？　と思われるかもしれない。その経緯を説明しておこう。

私がミャンマーで信用保証制度の構築に奔走していたのと同時期に、日本政府はＪＩＣＡの案件として、ミャンマーに対する新たなＯＤＡを準備していた。それは、低所得者の住居環境改善を目的とした住宅版のツーステップローンである。

住宅版の融資であるから、当然、最終的な借り手は個人だ。前章で説明したように、中小企業や農業従事者向けのツーステップローンを行うＯＤＡはすでに始まっており、私が手掛けていた融資保険もそこに組み込んでもらっていた。

中小企業向けのツーステップローンは、毎回、数十件という規模である。一方、個人住宅向けのＯＤＡは、毎回、数千件という規模の融資を予定していた。

具体的には、日本政府がＪＩＣＡを通じて有償資金をミャンマー政府へ貸し出す。ミャンマー側の事務エージェントは国営経済銀行であり、その資金を使ってミャンマー建設省管轄下の建設住宅インフラ開発銀行（Construction, Housing and Infrastructure Development Bank、以下「ＣＨＩＤＢ」）がエンドユーザーであるミャンマーの個人に住宅ローンを貸し付けるという流れである。

ちなみに日本の住宅ローンは、かつては住宅金融公庫（現在の住宅金融支援機構）の代理貸付方式で民間銀行が個人に融資するという方式が圧倒的主流であった。ミャンマーで予定していたツーステップローンの「国営経済銀行→ＣＨＩＤＢ→個人」という流れは、日本と似ている。だが、一つだけ決定的に異なる点があった。

日本の場合、民間銀行は住宅金融公庫の「代理」として個人に貸し付けるため、たとえ損失が発生しても、銀行側に重大な落ち度がなければ最終的には住宅金融公庫が損失分を銀行に補塡する。それに対してミャンマーの場合、国営経済銀行は単なる資金の受け皿であり、すべての取り扱い責任はＣＨＩＤＢに帰属するのである。

したがってこの住宅ローンスキームを成功させるためには、同行のガバナンスの確立が絶対条件であり、日本政府は新しいＯＤＡを供与する条件としてこれを課していた。だが、肝心のＣＨＩＤＢには、個人向け住宅ローンを適切に管理運営できる人材が不足していた。そこで日本政府とＪＩＣＡは、ＣＨＩＤＢを切り盛りできる人材を探し出し、同行に派遣することにしたという。

そこに私が候補として選ばれたのである。選定にあたっては、未開の地で初めて住宅ローンを実施すること、日本の支援があるとはいっても派遣されるのはただ一人でありチームで対応するものではないこと、ミャンマーの金融事情に精通しており、細かな指示がなくても自ら行動ができることなどが求められる要件であった。どこかで聞いたようなフレーズだ。これまでの私のミャンマーでの活動は日本政府にも共有されており、そうしたご縁もあって、最終的に私に声が掛かったのだろう。

が、私にとっては突然の打診である。どうすべきだろうか。二〇一三年から着手した中小企業に向けた融資保険のミッションはＡＤＢが正式に支援すると表明したので、私自身はもう「やりきった」という思いがあった。早晩、日本に戻ることになるかもしれないという予感もあった。

打診を受けた住宅ローンの仕事は、これまでの経験をさらに活かすことができる。だが、三井住友銀行の一職員として、それを引き受けられる立場にはない。

悩みに悩んだ末、私は退職を決意し、ミャンマーで住宅版ツーステップローンを立ち上げる道を選んだ。ミャンマー・ミッション第二章の開幕である。

ミャンマー版住宅金融公庫への転職

住宅版ツーステップローンを成功させるためには、単に資金をミャンマーに供与すればいいわけではない。ポイントは二つある。第一に、住宅の構造物としての質を確保しつつもコストを抑え、低中所得者がローンを利用して購入が可能な住宅建設のノウハウを提供する必要がある。第二に、融資を実行する機関であるＣＨＩＤＢが住宅版ツーステップローンの管理運営とともに、ミャンマーの金融機関として一定水準の事務となるようなノウハウを提供することである。

この二点を実行するために、日本政府は資金提供に加えて人材派遣を行うことにした。一点目については、国土交通省から職員をミャンマー建設省へ派遣した。二点目が私の新しい任務である。二〇一九年四月、私はＣＨＩＤＢに派遣されることになった。

新しい職場となったＣＨＩＤＢについて、簡単に説明しておこう。

同行はミャンマー建設省の出資五一％、民間の出資四九％からなるミャンマーの地場銀行だ。二〇一三年七月にミャンマー中央銀行（以下、中銀）から営業免許を受け、当初は、「建設住宅開発銀行（Construction and Housing Development Bank）」という名称で営業を開始した。こちらは略すと「ＣＨＤＢ」であり、まだインフラストラクチャーの「Ｉ」が入っていない。二〇一八年に、ＣＨＩＤＢへと名称を変更し、建設業者向けの融資に加えて個人向け住宅ローンの営業を開始した。

ミャンマー政府は、二〇一一年から二〇年間で、一〇〇万戸の住宅供給を計画しており、特に低中所得者向け住宅の供給について、住宅金融の仕組みを早急に整える必要があった。ミャンマー建設省によれば、二〇〇六年から二〇一〇年の五年間に供給できた住宅はわずか八〇〇〇戸程度というから、一〇〇万戸という目標がいかに途方もない数字かがおわかりだろう。

ＣＨＩＤＢはこうした住宅供給計画の中核を担う銀行だが、住宅ローンの実績は極めて貧弱なものだった。それには理由がある。ミャンマーでは、住宅ローンのような長期融資の資金源が非常に貧弱なのだ。

銀行なのだから、預金を集めて融資するとふつうなら考えたくなるだろう。ところがミャンマーでは、預金を長期の融資に貸し出すことができない。すでに説明したように、ミャンマーの金融市場では最長一年までの預金しかできず、それを原資とした貸出も最長一年までという規制があるからだ。

では、住宅ローンのような長期融資の原資はどうするのか。それは、長期借入金や出資金のような長期資金で賄うしかなかった。

しかし、ミャンマーの財政事情を考えれば、ＣＨＩＤＢがたとえ政府系であるからといっても自力でその資金を調達することは困難である。したがって、ＯＤＡなど他国の資金援助に頼らざるを得ない構造になっている。

こうした背景をもとに、日本政府は住宅版ツーステップローンというＯＤＡを通じて、ミャンマーの住宅供給計画を支援しようとしていたわけだ。日本からミャンマーへの貸付期間は四〇年間で期限一括返済。この超長期資金を利用して一〇～一五年の住宅ローンをくるくると回転させていく流れである。

「実ばかりCEO」の所信表明

私に課せられたミッションは次の五点である。

①ミャンマーの銀行は、オーナーや取締役会が日常事務に過度に介入する経営体質が定着してしまっている。そこからの脱却を目指して、中銀は二〇一九年一二月に、ＣＥＯを中心とした経営体制への移行を義務化する通達をすることが

予定されている。

しかし、他行同様、CHIDBにもCEOに適する人材がいないので、当面は私が実質的なCEOとして経営体制を確立しつつ、次世代のCEOを担うミャンマー人を育成する。

②CEOのみならず、現場の人材も不足しているから、自らプレーイングマネージャーとして率先垂範する。

③同時に、過去の建設案件が不良債権化していることから、ミャンマー建設省や中銀とのパイプ役もはたして建設と金融のバランスをとっていく。

④当面は住宅版ツーステップローンが事故なく、効率的に進められるような業務支援方法をJICAと協力して確立する。

⑤以上のミッションを成功させるために、中期経営計画を策定し、日本の支援が効果的に運営されるように日本政府とのパイプ役も果たす。

一介の銀行マンにすぎなかった私は、退職を境に、いきなりミャンマーの住宅金融を司る銀行の実質CEOを務めることになった。大げさでなく、私の舵取りがミャンマーの人々の生活環境に直結するのだ。その責任の重さに、あらためて身が引き締まった。

着任した四月に、ＣＨＩＤＢ本店で役員・部長が参集する会議が開催され、私の紹介の後に、一言あいさつをすることになった。いわば、所信表明スピーチである。

「実質的なＣＥＯとして、これから精一杯業務に励みたい。ついては、私が考える経営理念と経営方針についても話しておきたい」

以下に、私が示した経営理念と経営方針をまとめておこう。

●経営理念

・ミャンマーでナンバー１の投資開発銀行へ
・役職員全員が働きがいを持てる職場へ
・ミャンマー国民にも認めてもらえる銀行へ

●経営方針

・各人の役割分担の明確化→組織分掌と権限・責任の見直し
・目標・成果へのこだわり→管理手法と体制の構築

・独自のビジネスモデルの創造→IT戦略の構築

この経営方針を実行していくために、九つの改革を進めていくという経営戦略も説明した。だが、会議に集まった役員や幹部の表情からはどこか困惑している様子がうかがえた。無理もない。私は政府間の合意から実質CEOとして派遣されているが、正式な肩書はまだ何も決まっていなかった。いわば、「名ばかりCEO」ならぬ「実ばかりCEO」である。役員や幹部にしてみれば、「新しいコンサルタントが来た」という程度の感覚だったと思う。

その人間が着任のあいさつで、いきなり社長のように、経営理念と経営方針、具体的な経営戦略を語り出したのだ。ミャンマーでは何事も時間をかけて決めていく習慣があるので、当惑して当然である。

だが、私も引き受けた以上、自分に課せられた任務を果たしていかなければならない。その覚悟を伝えるために、経営理念や経営方針を示してみせたのだ。

ミッションは中期経営計画の策定

所信表明をした翌日から、さっそく仕事を開始した。日本政府やＪＩＣＡからは中期経営計画の策定が求められている。だがその前段として、組織のことをよく知る必要があった。そこで、ヤンゴン本店の職員約二五〇名がどのような部署でどのような職務についているのかを把握するために、各部署のリーダーに個別インタビューを実施した。

「人事部に人が多すぎる。給与や賞与の査定・昇進昇格を判断する指標が行内にはない。また、人材育成はＲ＆Ｄ部が担当しているが、本来は人事部が担当すべき。現在のミッションは単なる勤怠管理部になっている」（人事部）

「住宅ローン以外の融資審査を行っているが、同部には決裁権限はないため、役員会への申請が必要だ。しかし、役員会は月一回しか開催されないので、なかなか事務が先に進まず非効率だ」（融資部）

「財務部内に事前監査機能があるが、まったく機能していないので信頼できない。事前監査制度など不要だ」（監査部）

以上は一例であり、どの部署からも次々と問題点があがってきた。同時に、銀行全体としての共通の目標がこれまでなかったこと、部署間の連携が希薄なこともよくわかった。そもそも、それぞれの部署のなかですら、目標意識というものがほとんどなかった。

この状態からどのように全体を束ねていけばいいだろうか。先述したように、実質CEOとはいえ、名刺もなければ、業務範囲も定まっていない。意思決定に時間がかかることは六年間の赴任生活で理解していたが、このままでは職員に具体的な指示を出すことができない。

そこで「一刻も早くなんらかの役職名を与えてほしい」と役員会の副会長であるタテイ氏に要請し、着任一か月後の二〇一九年五月にようやく「エグゼクティブ・ディレクター」という役職に任命された。

この役職は正式な役員ではないが、やむをえまい。経緯を聞くと、ミャンマーでは銀行の正式な役員を任命するには、中銀に申請し承認を得ることが必要であり、とくに外国人に対してすぐに承認が下りるかどうかはわからないため、まず責任が発生しない役職にしたという。

ここで副会長のタテイ氏のことを紹介しておこう。タテイ氏は、ヤンゴン建設業協会を歴任後、当行の役員会副会長となった長老だ（当時七〇歳）。現場と役員会との橋渡し的な立場であり、ほぼ毎日午後になるとCHIDB本店に出社して、稟議書の決裁や本店部長たちと打ち合わせをこなす。行内で絶対的な権力と威厳を持っているが、人間味の溢れる信頼できる人物である。

エグゼクティブ・ディレクターに任命された私の唯一のミッションは、中期経営計画を策定するために各部署へ指示を出し、取りまとめることだった。

中途半端な役職の状態で、期待されている役割をはたすことができるのだろうか。不安は尽きないが、愚痴をこぼしたところで前に進めるわけではない。

ＪＩＣＡからは、中期経営計画の初版をできるだけ早期に提出することを求められていた。期限をいつまでにするか迷ったが、五月一〇日の電話会議の席で、一か月後の二〇一九年六月一〇日に提出することを伝えた。

関係者は驚いたようである。「そんなに短時間で大丈夫なのか」と逆に心配もされた。常識的に考えれば、超短時間である。日本の企業だったら、そんなに早く仕上げることは不可能だ。しかし、六年にわたってミャンマー金融界の仕事ぶりを見ながら、「スピード感の欠如」と「完璧主義」を改善しなければならないと常々感じていた。

中期経営計画の策定作業は、このような体質を改善する絶好の機会だ。目に見える成果物を一緒につくるという「作業」ならば、それぞれの部署も巻き込みやすい。期限を区切ることで、瞬発力も発揮されるだろう。適当な計画をつくるつもりはない。一か月といっても二〇日は稼働できるので、作業範囲と責任部署の指示さえ間違わなければ不可能なことではない。

当初、中期経営計画策定について、日本側は、私単独でまとめたうえで、概略をCHIDBに説明してコンセンサスをとるつもりだったと思う。だが、私はあえて職員全員を当事者として巻き込み細かいたたき台の部分から全職員に作業をしてもらうことにした。それは、本部で働く職員に欠けていた連帯感を強めることにもつながるし、実践を通じた人材育成にもなる。人材育成は、セミナーや研修で行うものではなく、OJTを通じて行うのが最も効果的で業務に役立つのだ。

かつての中期経営計画に対する違和感

ある日、CHIDBは過去に中期計画を策定したことがあることを、CFO（最高財務責任者）から聞いた。しかし、その際の詳細資料はなく、見せてもらった計画も「バラ得られなかった。

色」の、右肩上がりの数値の羅列にしか見えなかった。根拠を聞いても満足のいく回答は得られなかった。

当行は、歴史の浅いミャンマーの銀行のなかでも最も直近に設立された小規模行であり、役員や幹部のほぼ九九％は銀行業務未経験者で構成されていた。設立時の総裁（注・総裁は最高業務執行役員でありCEOに近い立場。会長とは取締役会会長であり、CEO他すべての現場責任者を監督する立場の議長。ミャンマーではこの部分が非常に不明確で中銀から改善を求められていた）と同様に、このCFOも建設省の出身だ。その他、一六名の役員もすべて建設関係である。

会長も、建設省住宅局の局長が兼務することになっている。設立当時は、副会長（タテイ氏の前任で、元中銀副総裁代行）が唯一銀行業務に精通する人物だった。

また銀行職員のリクルートにしても、ただでさえ人材不足の金融界にあって、小規模銀行にわざわざ転職する有能な銀行員を見つけ出すことは困難だったはずだ。

こうしたことをふまえると、当時、中期計画策定に対する十分な知見があったとは考えにくい。ミャンマーブームだけを根拠に右肩上がりの単純な数値が並んでいることで全員が満足し、その中身や実効性を真剣に検証したとは思えなかった。

今回、同じような態度で中期経営計画を策定することは決して許されない。日本政府とJICAは、この計画にもとづいて、当行に対するツーステップローンやさまざまな金銭的支援、人材派遣、技術支援を実施することになるからだ。

私が中心となって策定した計画がいい加減なあまり、数年後に明確な理由もなく「計画未達」という事態となれば、私が日本国民の税金をドブに捨てたことになる。それはあってはならないことだ。

手入力だからわかることがある

経験者には釈迦に説法かもしれないが、中期経営計画を策定する場合、一般的に二通りのアプローチがある。「最終ゴール設定型」と「積み上げ型」だ。

最終ゴール設定型は、文字通り、五年後の目標数値を定め、それに向けて各年度の目標を決めるというアプローチだ。過去の経営実績にもとづいて、組織のめざすべき目標や目的が明確である場合には、最終ゴール設定型のアプローチをとりやすい。

それに対して積み上げ型は、各年度の努力目標を積み上げていき、最終的なゴールを決めるというアプローチである。組織が初期段階であったり、近い将来、業務の変動が大きいと予測されたりする場合、あるいは組織全体としてめざすべき目標が明確に定まっていない場合は、積み上げ型のほうが有効だ。

私が採用したのは、積み上げ型である。理事会や建設省内に明確な目標がないことは、すでにJICAの関係者から聞いていた。銀行を取り巻く環境の変化も不確実性が高く、日本からのODAや追加支援がいつ実施されるかも不確定要因である。こういったことをふまえれば、年度ごとに目標を決めて、積み上げていくしか方法がないことは明らかだった。

アプローチが決まって、いよいよ具体的な作業のスタートだ。

最初に、過去三年の本行の財務諸表を細部にわたって分析することから始めた。いや、正確に言えば、財務諸表三年分の数値をエクセルシートに一つずつ自分の手で入力し直すことから始めた。

財務部にある元データをそのまま使えば時間も節約できるし、タイプミスも防ぐことはできる。だが、私は自分の手で入力することにこだわった。データを単に眺めるだけでは重要なことを見逃してしまうからだ。

たとえば、ある勘定科目の数値が、期が変わって大きく変動している場合、自分で入力していれば必ず気がつくが、データを眺めているだけでは気づきづらい。数字に不自然な変化があれば、おのずと疑問点の洗い出しにもなるので、結果として時間の節約にもなるのだ。

さらに、私がいましっかりとした財務諸表のフォーマットを作っておけば、先々それを活用して、財務分析や企業価値の評価をすることができる。作業は膨大だが、ここで汗をかいておくことが今後の業務効率を高めるにちがいない。そう自分に言い聞かせて、数日間にわたって数字を打ち込み続けた。

この準備作業を終え、いよいよ本店の各部署へ作業を割り振る段階に入った。資産や収益力、経費など、計画に必要な五三項目を設定し、一八の部署それぞれのミッションに応じたエクセルシートを配布した。

今回の中期計画の期間は二〇二五年度までである。各部署は各年度ごとに、必要な数値を試算して記入し、私に提出する。作業締め切りは一週間後の金曜日一六時。ミャンマーの銀行は一六時が定時なので、各部署のヘッドは、金曜日に帰宅するまでに私に宿題を提出するということだ。

私はそれを土日にチェックし、質問事項などをまとめて月曜日の朝一番に各部責任者へフィードバックする。それを毎週続け、一か月後に完成という目論見である。

かなり大変な作業を強いることになるため、あらかじめ副会長のタテイ氏に心積もりを伝え、各部のリーダーに対して、私の役割や期限の厳守を周知徹底してもらった。

提出とフィードバックを繰り返した四週間

タテイ氏の力添えもあり、翌週半ばあたりから、各部署より宿題のエクセルシートが届き始めた。だが、一見して、記入されている数字の根拠が乏しいことがわかった。

銀行の中期経営計画なのだから、貸出金や預金がどのように推移していくかを何らかの根拠にもとづいて予測する作業は不可欠である。だが、部のリーダーにとって、こうした作業は初めての経験であり、最初は当てずっぽうの数字を入れてくるのも無理はない。

私は数字には根拠が必要であることを伝えるとともに、ＩＭＦが公表しているミャンマーのＧＤＰ予測や住宅着工予測などをもとに、予測の根拠となるトレンドを示した。

一例を紹介しよう。一五一ページのグラフは、ＩＭＦが公表しているＡＳＥＡＮ各国の二〇一八年度のＧＤＰと商業目的融資の割合を比較したものである。

ミャンマーはＧＤＰでも下位だが、注目すべきは商業融資額の少なさである。ＧＤＰに対する割合は二〇％に届かず、ＡＳＥＡＮで最下位だ。この数字は、商業銀行が本来の役割をはたしていないことを如実に表している。前章までを読んでいただければわかるように、ミャンマーの人々には、事業のために銀行から融資を受けるという発想がそもそもなかったのだから仕方がない。

これは単年度の数字だが、過去数年の推移を見れば、ＧＤＰの伸び率や融資貢献割合の上昇率は算出できる。本来は、その二つをかけ合わせた数字をトレンドとするべきだが、ミャンマーの未成熟な金融の現状をふまえ、ＧＤＰの伸び率予測だけを融資伸び率のトレンドとする方針とした。

関係部署には、このトレンドをふまえて、数字を見直してほしいとフィードバックをし、再び策定作業にとりかかってもらった。

作業を進める過程で、二つの問題点が浮き彫りになった。

一つ目は人件費の問題である。人件費を計算するためには、現状の人員構成と給与単価の実態を確認する必要がある。そこで、人事部から本部・支店全行員（約六〇〇名）の給与単価に関するデータをもらって、役職毎の単価を比較すると同時に、昇進昇給状況についても詳細に調査した。

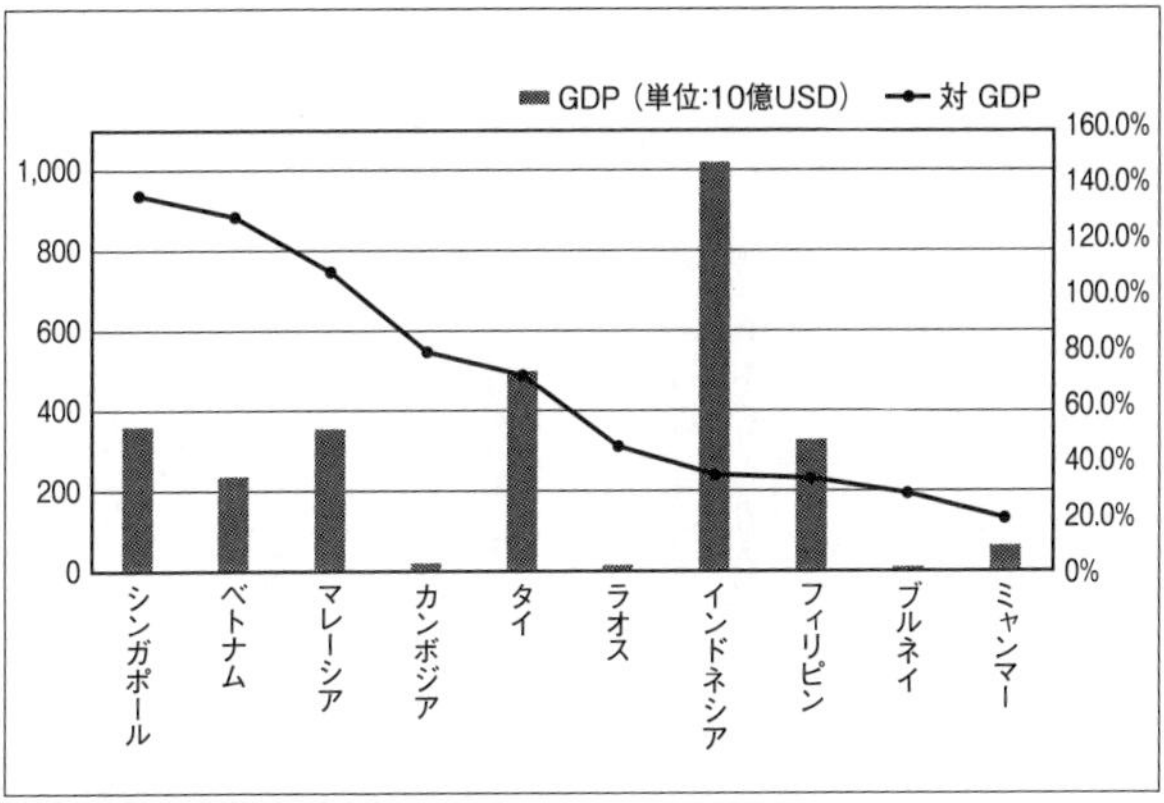

ASEAN10か国の2018年度GDPと商業目的融資の割合。
（IMF資料をもとに作成）

その結果、驚くべきことが判明した。役職が同一であるにもかかわらず、給与単価が異なっている。さらに、昇進昇格は、過去二回の小規模なものを除いて、銀行設立来、まったく実施されてないのだ。

前者は、各役職の職務範囲や能力定義が定まっていないため、単価にばらつきが生じていることを示している。後者は人事評価が適切に行われず、昇進昇格にも結びついていないので、適材適所の異動が行われていない証拠である。

二つ目は経費計上に関する問題だ。てっきり経費処理はすべて総務部の担当と思っていたが、固定資産の減価償却費の合計額が極端に少ない。じつは、全国に一二ある支店の経費は総務部ではなく、財務部が担当していたことが発覚したのだ。

システム部から提出されたＩＴの投資見通しでは、減価償却が抜けていたり、ライセンス購入なのに、ハードウェア投資と同じ方法で計上していたりする。ライセンス購入の場合、資産計上はせずに毎期、費用を計上する必要があるのに、資産計上をしてしまっていた。

システム部に会計知識が乏しいのは仕方がない。こうしたミスを防ぐためには、システム部と総務部で投資内容に関する情報を共有することが必要なのだが、後手に回ってしまった。

これら二つの事案の根本的な要因は、実務を取りまとめるべき業務執行役（ＣＯＯ）と経営執行役（ＣＥＯ）が存在せず、さまざまな重要事項が副会長と理事会の専管事項になってしまっていることにある。つまり、現場を知らない重鎮が取り仕切っているためガバナンスがほとんど効いていないのだ。

ただし、ＣＨＩＤＢの名誉のために言っておくと、ミャンマーの銀行はどこでもだいたい同様の水準である。長らく軍政のもとで、時間が止まっていたのだから、職員が悪いわけではない。さらに、問題点の指摘や批判などはすでに多数の外国人コンサルタントから、耳にタコができるほどミャンマー人たちは聞かされている。金融の現場で働くミャンマー人が望んでいたものは、批判や単なる意見ではなく、「一緒に解決してくれる人」であった。それこそが私に期待されていることだったのだ。

上記のような問題点と格闘しながらも、週末をはさんだ提出とフィードバックのやりとりを四週間繰り返し、なんとか期限までに、初版の中期経営計画が完成した。残業の習慣がないこの国で、総務部とシステム部の職員は、毎日二二時頃まで頑張ってくれた。

東南アジアでは、男性は女性に比べて働かないと言われる。ミャンマーでも公務員や銀行員など事務職の八割を女性が占めている。だが、当行に限って言えば、この指摘はあたっていない。システム部と総務部は男性が圧倒的に多いが、彼らはバリバリと働いてくれたのだ。

改善すべき点は多いが、ガバナンスがしっかりしていれば、この銀行はもっと成長できると確信した。中期経営計画の策定を通じて、私自身が得たものも大きかった。私は、現場に寄り添って、「一緒に解決する人」にならなければいけない。

初めてのＫＰＩ設定

中期経営計画の策定と同時に取りかかったのが、当行で初めての試みとなる支店別ＫＰＩ（Key Performance Indicators）の設定だった。「重要業績評価指標」と訳されるＫＰＩは、経営陣や本部・支店とが共有する目標に対する物差しであり、これがなければ、職員の向く方角がバラバラになってしまう。日本の銀行や企業では当然のように導入されているが、ミャンマーの銀行にはそれがなかった。

通常は一年度の単位で策定するが、今回は二〇一九年七月から九月までの短期導入である。それにはわけがある。ミャンマーでは二〇一八年度まで、政府会計年度は四月一日から翌年三月末というサイクルで、ほぼ全企業もこれにならっていた。ところが、二〇一九年度になって、一〇月一日～翌年九月末と突然変更されたのだ。

「ミャンマーは六か月間の長い雨季が五月から始まり、その間は大規模な予算を確保しているインフラ工事が進捗しない。予算消化とより連動しやすいように会計年度を変更し、一〇月始まりとする」というのが政府の説明だった。

新たな会計年度は二〇一九年一〇月一日から始まるため、二〇一九年四月一日から九月三〇日については、六か月間の暫定決算を行う必要がある。ＫＰＩも会計年度と連動して策定するが、今回ＫＰＩを設定したのは六月であり、すでに四月一日から三か月が経過してしまった。そこで、七月から九月までの短期「お試し」として導入することにしたのだ。あくまで、お試し版であるから、ＫＰＩもシンプルなものにした。具体的には、「住宅購入積立金口座（Housing Saving Account：ＨＳＡ）」の獲得数と「定期預金口座（Fixed Deposit Account）」の獲得数を一二支店で競わせ、九月末に上位四支店を表彰するという建て付けだ。初めての試みであるから、私の独断で設定した。

まずは、ＫＰＩ導入の趣旨や今回の建て付けを各支店長に知らせなければならない。ここで私は、あるアイデアを実行に移した。メールやＦＡＸで通知するのではなく、全支店を行脚して説明することにしたのだ。

当行の一二支店は、ミャンマーのほぼ全土に散らばっている。飛行機で行くには非効率であり経費もかかる。よし、キャラバン隊をつくろう。私は、支店の業務進捗をＫＰＩとともにフォローする三名のチームを編成し、二台のワゴン車で全国行脚の計画を練った。チームは「スーパーバイザーチーム」と命名した。人選は行内の事情や人間関係を把握しているタテイ副会長に任せ、その後、当行の元総裁であり、当時はＣＰＯ（Chief Policy Officer）であるウィン・ゾー氏の助言のもと、旅程の作成に取りかかった。都合、九日間にわたる長丁場である。

事前に三名のスーパーバイザーに、今回の訪問目的と各支店に伝えるKPIの内容を共有し、いよいよ出発である。

左の図がそのときの行程だ。私は前ミッションで、ミャンマー行脚には慣れていたが、三人は初体験である。その興奮も手伝ってか、みな楽しそうに道中を共にした。

数字が教えてくれること

各支店では私からの趣旨説明に続いて、各スーパーバイザーから支店運営のポイントを説明してもらい、その後支店長とのディスカッションを行った。ちなみに、支店に直接足を運んで説明するやり方は、三井住友銀行の大阪勤務時代に営業拠点フォローアップでよく使っていたものだ。当時は、私ひとりで担当支店を飛び回っていたが、今回は教育もかねてチームでの訪問としたのである。

九日間の支店行脚は、大きなトラブルもなく終えることができた。もちろん、一度説明して後は支店にお任せというわけにはいかない。以後は、各担当者から毎週電話でフォローアップしてもらい、各支店長が日常的にKPIを意識してもらうように促していった。

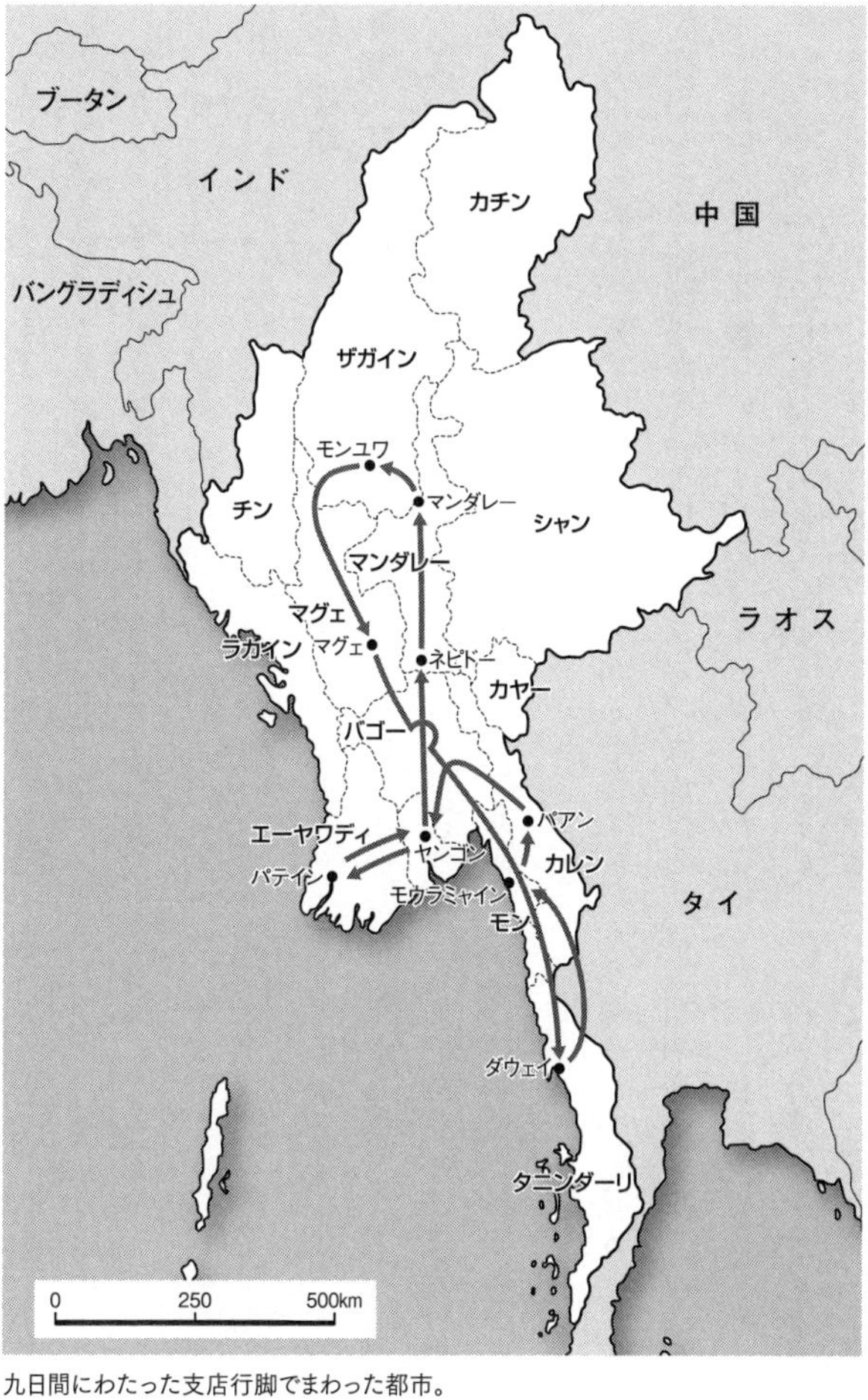

九日間にわたった支店行脚でまわった都市。

こうしてKPIを導入した支店同士の競争が始まった。日が経つにつれ、各支店や支店長の特徴が少しずつわかってきた。

以下は、支店別順位推移表（左ページ）を見ながら読んでほしい。

七月、八月とトップを走ったパアン支店（Hpa-an）は、南のカイン州にある非常に小規模な支店だが、男性支店長は個性的でエネルギッシュな人物だった。まだ着任して一年程度と経験は浅いものの、KPI導入当初から「絶対一番をとるから！」と意気込んでいた。実際、自身が動くだけでなく、部下にも丁寧に指導し、本部からフィードバックする毎月の支店別順位にも敏感に反応していた。日本で私が担当していた三井住友銀行の一〇〇名以上の支店長・部長に混じっても、彼の営業推進力と熱意は確実に一〇位以内に入るだろう。

ヤンゴン本店一階で営業しているダゴン支店は当行最大規模の支店であると同時に、国際業務やその他雑用が多い支店でもある。大規模支店は成果の変動が小さくなりがちだが、支店長はバランス感覚にすぐれたマネジメントが発揮され、二番手でゴールインした。

二〇一九年二月に新設したダウェイ支店（Dawei）は、常に低迷していた。支店長は新設時に採用募集して他行から転職してきた人物である。彼女はもともとはヤンゴン在住の

順位	2019年6月
1	ボタタウン郡区（ヤンゴン）
2	パテイン
3	パアン
4	モウラミャイン
5	ミンガラタウンニュン郡区(ヤンゴン)
6	マグェ
7	ネピドー
8	モンユワ
9	ダウェイ
10	ダゴン郡区（ヤンゴン）
11	シェパウカン工業団地（ヤンゴン）
12	マンダレー

順位	2019年7月
1	パアン
2	ボタタウン郡区（ヤンゴン）
3	モウラミャイン
4	パテイン
5	ネピドー
6	マグェ
7	ミンガラタウンニュン郡区(ヤンゴン)
8	マンダレー
9	シェパウカン工業団地（ヤンゴン）
10	ダゴン郡区（ヤンゴン）
11	モンユワ
12	ダウェイ

順位	2019年8月
1	パアン
2	マンダレー
3	ボタタウン郡区（ヤンゴン）
4	マグェ
5	モウラミャイン
6	ネピドー
7	ダゴン郡区（ヤンゴン）
8	パテイン
9	モンユワ
10	ミンガラタウンニュン郡区(ヤンゴン)
11	シェパウカン工業団地（ヤンゴン）
12	ダウェイ

順位	2019年9月
1	マンダレー
2	ダゴン郡区（ヤンゴン）
3	パアン
4	マグェ
5	ボタタウン郡区（ヤンゴン）
6	モンユワ
7	ネピドー
8	ミンガラタウンニュン郡区(ヤンゴン)
9	シェパウカン工業団地（ヤンゴン）
10	ダウェイ
11	モウラミャイン
12	パテイン

各支店の売り上げ順位の推移。

ダウェイ支店の支店開業式の様子。CHIDBではもっとも南端の支店開設となる。ダウェイは深海港に面した街で、当時はティラワ経済特区に次ぐ特区開設候補になっていた。

ビルマ族だ。ミャンマー南部にあるダウェイ支店の職員（当時八名）は全員地元採用の若者であり、ビルマ語よりも地方訛りのダウェイ語で日常会話をかわしていた。そのため、ダウェイ語を理解できない支店長は職員との意思疎通に支障をきたし、あっという間に三名が離職してしまったのだ。これでは営業もままならないだろう。

以上は一例だが、支店の様子を外から見たり聞いたりするだけでは実態を把握しづらい。もちろん、そういった観察は重要だが、数値が支店の抱える問題点を教えてくれることもある。材料はできるだけ多いほうが、問題を起こしている

「真の原因」を発見しやすい。私が重視したのも、単なる競争の順位ではなく、その相対比較において異常値がないかどうかを確認することだった。

こうして三か月強の短い期間であったが、KPI導入による支店運営が終了した。次年度は通年の導入である。評価項目を増やすとともに、できるだけ現代のスタンダードに近づくよう、スーパーバイザーチームや支店部と相談を開始した。少しずつではあるが、業績に対する行員の関心も育ちつつあるようだ。

自己資本比率五〇％以上という「超優良値」の意味するもの

ここで、各支店へのKPIを、住宅購入積立金口座と定期預金口座の獲得数に定めた理由を説明しておこう。

CHIDBが扱う住宅ローンは、一〇〜一五年という長期にわたる貸出である。だが、すでに述べたように、ミャンマーでは貸出に対する規制が厳しく、預金を長期融資の原資に使えない。その代わりに、当行に対しては、株主（建設省・建設関連団体や代表者など）からの資本金を長期融資の原資に充当することが中銀に認められている。

その結果、当行は自己資本比率が異常に高く、二〇一九年度時点で五〇％を超えている。

中銀の規制では銀行は自己資本比率は八％以上を確保することが必須となっていることを考えると、当行の自己資本比率は桁外れに高い。このような銀行は世界中見渡しても他にはないだろう。

自己資本比率が高いと言うと健全経営のように聞こえるが、預金に頼らない運営は、裏を返せば、常に株主からの増資や第三者からの長期借入金を調達し続けないと業務を拡大できないことを意味する。

それは銀行の経営にとって、決して望ましい状態ではない。株主に対する配当や長期借入金の利子は、預金の利息よりも高くつくため、銀行の利益を圧迫するからだ。そもそも融資額の拡大にあわせて、増資や長期借入金に頼るようなやり方は早晩限界が来る。

したがって、長期的にはできるだけ株主や長期借入の比率を少なくして、コストを下げていくことが必要だ。そのためには、大量の小口預金を獲得する仕組みを構築しなければならない。その場合、短期の預金よりも、長期の住宅積立預金と定期預金が主なターゲットになる。住宅積立預金は、住宅ローンを借り入れる際に必要な三割の頭金を積み立てるものであり、その口座が増えるほど、将来、住宅ローンの利用者数が増えていく算段になる。定期預金もいったん預けたら、一定期間は引き出さないので、銀行が自由に使えるお金になりやすい。

ＫＰＩにこの二つの指標を設定したのは以上のような理由からである。ただし、この戦略の効果があらわれるまでには相当の期間を要するので、住宅ローンの原資は当面の間、日本政府のＯＤＡに頼る。それが私の青写真であった。

当行初のインフラストラクチャー融資

当行が二〇一八年に「インフラストラクチャー」の「Ｉ」を加えて「ＣＨＩＤＢ」と名称変更したのは、インフラストラクチャー融資（以下、インフラ融資）を積極的に行うためだった。だが、残念ながら名称変更以来、その取扱いは一件もない状況が続いていた。

インフラ融資とは、簡単に言えば「不動産担保がない代わりに、建設したインフラ設備が生み出すキャッシュフローを担保に融資をする仕組み」である。

インフラ融資を実行するには、インフラが設置される場所（国）の法律や規則と融資契約が求める内容に齟齬が生じないことが要求される。だが、ミャンマーにはインフラ融資の根拠法がないため、キャッシュフローのみを担保としたインフラ融資を実施することは現実には困難な状況にあった。

そんな折、インフラ融資のチャンスが当行に舞い込んできた。その案件は、過去にＡＤＢが検討したものの、何らかの事情で進めることができなかった「ヤンゴン・パテイン幹線道路の拡張及び整備事業」である。

この事業は、ヤンゴン管区政府が重要施策として考えていたものであり、建設省道路局から住宅局を通じて、住宅局長でもある当行会長に相談があったのだ。

根拠法がない以上、どんなインフラ融資であろうと、厳密に考えれば実行不可能だ。だが、過去の私が頭によぎった。私が立ち上げた信用保証制度も法律などなかったじゃないか。法律がないから行動に移さないのでは、いつまで経っても実績は生まれない。ここは勇気を振り絞り、既成事実を先につくってしまったほうがいい。そう判断し、あえて法律には目をつむり、くだんの事業に対してインフラ融資を進めることにしたのである。

もちろん、こんな決断が役員会で簡単に認められるわけはない。私は役員会に諮ることはせずに、関係者から提出される資料や契約事項を粛々と点検していった。エグゼクティブ・ディレクターである私には何の決裁権限もなければ責任もないので、アドバイザー的に手続きを進めただけのことである。そして、案件が会長肝いりである以上、キャッシュフローなど返済の確実性に問題がなければ最終的に役員会はまちがいなく合意すると踏んでいた。言い換えれば、初めから取り扱うことが決まっている案件について、正当性を裏付ける作業を施したにすぎない。

だが、目をつむるのは法律部分だけである。事業性の評価については決して手は抜かず、担当部長にインフラ融資の基礎から徹底的に教え込みながら、融資が可能かどうかの検討を進めた。

検討の結果、今回整備するヤンゴン・パテイン幹線道路の将来の通行料だけでは、融資返済に若干の懸念があった。そこで、当事業者が保有している、シャン州内の有料道路の通行料も併せて担保とすることを契約に盛り込み、融資を実行した。

こうしてインフラ融資第一号が成立することになった。これで既成事実はできたから、後に続けといきたいところだったが、思惑通りには進んでくれなかった。

というのも、その直後に、国営経済銀行が担当した別の地方道路の案件で何か問題が起こったらしく、管轄の建設省道路局が「通行料の譲渡行為を謳った融資契約は了承しない」という文書を公式に発表してしまったからだ。

結局、道路に関するインフラ融資は、今回が最初で最後となってしまった。後には続かなかったものの、たとえ一件でも担当部の実績になったことは、担当部長にとっては自信

CHIDB初となる道路建設向けインフラ融資。
パテイン側の工事対象終了地点。将来的には延長工事が期待されている。

につながったはずだ。

今回の一件を通じて、ミャンマーの銀行員には法律や規則のリテラシーを高めていく必要があることを強く感じた。彼らは探求心旺盛で、「シンジケートローン」や「モバイルバンキング」など新しい商品のことはよく知っている。だが、その背景となる法律や規則にはまったく通じていない。それらの仕組みはいわば「魔法の箱」のように捉えられていて、箱の中の細かい部分は外国人専門家に任せればよいと考えている節もある。これではいつまで経っても支援漬けから脱却できない。おこがましい言い方かもしれないが、私は、全身全霊をかけて、ミャンマーの人たちが自立することをサポートしたい。そのために、「箱の中身」を自分で見て触ることの楽しさやうれしさ、やり甲斐を伝えていこう。

私の意志を感じ取ってくれたのか、まもなく私に正式な役職が与えられることになった。

第五章

地場銀行のCOOとなる

南部モン州のモーラミャイン支店での打ち合わせの様子。
支店長(右の白シャツ男性)と本店からの
スーパーバイザーチームが同席。
初めてのKPI説明に続き、支店運営状況のヒアリングを行った。

遂にCOOになった！

着任後半年経った二〇一九年一〇月——、ようやくエグゼクティブ・ディレクターという宙ぶらりんの役職を離れ、COO（Chief Operating Officer）に任命された。日本語で訳せば、最高業務執行責任者である。

私がCHIDBに移った当初、ミャンマー人青年がCOOを務めていた。彼は海外留学経験もあり最新の金融事情にも通じてはいたが、実際に金融機関で働いた経験がない。教科書的な知識のみで自身よりも二回り以上も年上の古参役員たちに議論を挑むことが多々あった。また、金融知識の未熟な部下とも関係が上手くいかず、行内で四面楚歌状態になってしまった。日本人と同様、ミャンマー人にも融和を大事にするカルチャーがあり彼は組織に馴染めず、二〇一九年五月に解任されてしまった。以降は後任の指名がなく、CPO（Chief Policy Officer）であるウィン・ゾー氏が兼務していた。ウィン・ゾー氏はCHIDB設立時に建設省から総裁として天下りし、その後の組織改編でCPOとして政策全般を担当してきたが、彼の負担が非常に大きくなっていた。それを軽減するとともに、着任来の活動が評価され、私をCOOにするという決定が役員会で下ったのだ。

これでようやく単なるアドバイザー職ではなく、実際の業務処理に関与できる立場になった。預金、貸出、外国為替など銀行業務全般を所管するのが私の役割である。

ＣＯＯのもとにはすべての業務書類が通過していくため、これまで以上に銀行内の仕事の流れが見えるようになった。つまり組織全体を見渡し、必要な改革に着手できるようになったのだ。

ただし、事案を決裁する権限はほとんどない。ミャンマーの組織では権限の移譲が進んでいないため、すべての事案について役員会や会長が決裁権をもつのが一般的だ。当行もご多分に漏れず、ＣＯＯだからといって大きな決裁権はない。私が決裁できるのは、一件四〇万チャット（日本円で約四万円）以内の事務手続きや経費認可だけである。自分の執務室で使うパソコンを購入するにも、役員会にかけねばならない。

それでもミャンマー人六〇〇名しかいない現場の陣頭指揮を執るＣＯＯは、やりがいのある仕事だった。

私への行員の接し方もそれまでと大きく変わったように感じた。エグゼクティブ・ディレクター職の時期は、日本からやってきたコンサルタントのように思っていただろう。だが、ＣＯＯは「身内」のトップである。自然、職員の私を見る目も、対上司モードになっていった。

私は、どんな業務や案件であれ理由にこだわった。ＣＯＯは業務全般に関わるので、提出された書類に疑問があれば、担当者に遠慮なく質問することができる。実際、疑問に感じたことはその理由を担当者に求めることが日常となった。その結果、「ミスター・イズミに案件を上げるときには、理由をきちんと書かないと通らないぞ」という雰囲気が少しずつ広がっていった。

疑問に思ったことは遠慮なく問い合わせたが、怒るということはほとんどなかった。彼らからすれば、外国人ＣＯＯに怒られるのは、決して気持ちのいいものではない。精神的なダメージも大きいだろう。これまで、当行に限らず、先進国のコンサルタントやアドバイザーが次々にやってきては言いたいことを言い、怒った様子でダメ出しをしている様子を私は目の当たりにした。

だが、彼らが出すのは口だけであり、言った後は放置して帰るだけだ。ミャンマーの人たちは、そんなことを求めているのではない。

私は怒らない代わりに、次に同じようなことが起こらないためにどうするかを考えてもらうようにした。そして、一緒に残念がることもあった。大事なのは、相手の立場を尊重しながらも、言うべきことを言い、一緒に悔しがることだ。それをしなければ、私がここに来た意味がない。私は当事者なのだから。

担保主義という壁

ＣＯＯとして、私は数多くの融資案件に関与することになった。そこに立ちはだかるのが、担保主義という大きな壁である。ＣＨＩＤＢは建設関係融資を主体に手掛けており、一件当たりの融資金額が大きいことから信用保証付き融資を導入することは検討されていなかった。したがって、ミャンマーの伝統的手法である過剰な担保付融資しかなかったのである。

ＣＯＯ就任直後に、ある建設業者から一二億チャットの融資の申し込みがあった。だが、当行で融資の審査をする審査委員会は、担保評価にもとづき、二・二億チャットなら融資可能と判断し、その後役員会で二・二億チャットの融資が認可された。役員会での認可にもとづき、実行指示書が私のところに回ってきた。ＣＯＯには決裁権限はないが、決裁された案件に関する執行権限はある。逆に言えば、執行を保留する権限もある。

私はその指示書を保留にした。なぜなら、顧客の希望する融資金額から大幅に減額すると、先方のビジネス計画も大きく変わってしまうからだ。先方は、一二億チャットを借りることを想定してビジネス計画をつくっている。それが二・二億チャットしか借りられないなら、ビジネス計画も変わるため、銀行側は返済能力の検証をやり直さなければならないはずである。先のCGIプロジェクトを通じた私の経験では、この場合、ほぼすべての借入人は当該融資金を別の資金使途に流用してしまう。これでは融資審査の意味がない。

保留にした理由は他にもある。仮に相手先が借り入れできなかった九・八億チャットを他行から調達すると、負債が膨らみ、結果的に当行の融資分を返済できなくなる可能性がある。

したがって、融資を大幅減額する場合、あらためて相手先の返済能力やビジネス計画を精査する必要があるのだ。

そこで私自身も、この建設業者について詳しく調べてみた。結果、その企業は、希望する一二億チャットの融資を運転資金に使いたいことがわかった。具体的には、近々、シャン州の州都であるタウンジーでコンドミニアムを建設する予定だという。

では、一二億チャットの返済は何を原資にするのか。それは現在、MJTD（Myanmar Japan Thilawa Development：ミャンマー・ジャパン・ティラワ開発）から受注して完成間近にある日本政府・日本企業が開発したティラワ経済特区で建設中のレンタル倉庫の引き渡し代金から捻出することがわかかった。その金額が一二億チャットの売上代金がMJTDから当行が指定する預金口座にほぼ確実に入ってくる。その事業者は一二億チャットの融資を希望している。もしそれが本当であれば、一二億チャットを融資してもいいと思うのではないだろうか。

だが、当行の審査委員会は、あくまでも不動産担保にこだわり、二・二億チャットしか貸し出せないと回答してしまったのだ。事業者も渋々了解するしかなかったのだろう。

私はその事業者やＭＪＴＤと面談し、建設進捗状況や、原資となる受注代金、そしてその支払いが確実に実行されるかどうかを確認した。どうやら問題はないようだ。私はあらためて、以上の調査にもとづき、審査委員会に一二億チャット満額の融資を提案した。

だが、今度は審査委員会から保留と判断されてしまった。委員会では「レンタル倉庫がほぼ完成しているのはわかるが、万が一最終的に完成できずに、ＭＪＴＤから代金送金を拒否されたらどうするのか？」「その場合に備えて不動産担保がないと融資は認められない」という意見が出た。さらには「ＭＪＴＤから工事完成保証をもらえれば融資可能」という理解不能なことを言い出す役員も現れだした。私があまりにも役員たちとやりあってしまったため、副会長から後で諭された。結局、この事業者には二・二億チャットしか融資をすることができなかった。

担保主義の壁は厚い。だが、担保が保険として機能しているかというと、じつはそうではない。実際、当行の過去の実績を見ると、不良債権が発生した際、不動産担保を売却して回収できたケースは、二〇一五年設立以来一件もない。いまだに裁判で決着しないなど、担保をとってもそれを回収につなげることはできていないのである。

にもかかわらず、審査では担保にこだわり続ける。時間はかかるかもしれないが、この風土をなんとかしなければならない。審査部長は私のこの思いを理解してくれており、その後も何度か同様のキャッシュフローにもとづく融資案件にチャレンジしてくれた。しかし、審査委員会と役員会でことごとく否決されてしまった。審査部長の忍耐もこれまで。ついには当行を辞職してしまった。

ミャンマーの住宅ローン事情

ここで、当行がＪＩＣＡのツーステップローンを活用して行っている住宅ローンについて説明しておこう。

私の知るかぎり、今回、日本のODAを通じて当行が住宅ローンを実施するまで、ミャンマーには住宅ローンという仕組みはなかった。そもそも一年を超える期間の銀行融資はミャンマーにはなかったのである。

ミャンマーのなかで、この住宅ローンを使って住宅を購入する人は決して裕福な層ではない。日本円にして月収五～六万円という低中所得者がボリューム層だ。日本でいえば年収二〇〇万～三〇〇万円ぐらいのイメージだろうか。

既婚か未婚かは問わないが、融資を申し込む人のほとんどは既婚者だ。この住宅ローン用に建設している集合住宅がファミリータイプなので、それは当然だろう。

集合住宅は四階建てで、エレベーターはない。興味深いのは、ミャンマーの住宅はスケルトンで売りに出すという点だ。したがって、購入者は、コンクリート打ちっぱなしの部屋を自由に内装したり、カーペットを貼ったりする。その費用はおおむね物件の二割程度。物件の価格が一戸一二〇〇万円ぐらいなので、一五〇〇万円を用立てできれば、住宅を購入できることになる。

住宅ローンは建物スケルトン販売価格の七割までしか借りることができないので、頭金

CHIDBの住宅ローンの対象となるアパート（完成直後の様子）。

として三割に加え、内装費用を別途持っている必要がある。したがって、ローンで約八四万円を借りて、それを一五年で返済するというのが典型的なパターンである。

個人向けのローンは、事業者への融資とは審査の勝手が大きく異なる。ミャンマーではこのような住宅に対する戸ごとの所有権登記制度が整っていないのだ。部屋の利用権を個人が購入するようなイメージである。言い換えると、その部屋は不動産担保として登記できないのである。担保がないので、給料が重要な審査対象になり、申し込む人は勤めている会社から給料の証明書を発行してもらって提出する必要がある。だが、公的な書類ではないので、いくらでも偽造は可能だし、実際に偽造するケースも少なくない。

難しいのは、銀行側にその証明書が適切かどうかを判断する術がないことだ。ミャンマーには、日本のように、返済を滞った人物の信用情報を記録する個人信用情報のデータベースがない。したがって、銀行は提出された書類の記載内容を信用するしかないのだ。

中銀通達がまねいた大混乱

建設業者向けであれ、住宅ローンであれ、融資につきものなのが不良債権である。だが、驚くなかれ、ミャンマーには二〇一七年まで、不良債権という概念は存在しなかったのだ。

これもまた先述した担保主義の負の影響である。お金を貸すほうも借りるほうも、利息さえ払っておけば、担保があるから元本は返済しなくても気にしない。したがって、一度、借りたお金は利息だけを払い続けて、返済時期が来てもそのままロールオーバー（借り換え）することが常態化しており、元本返済が繰り越されているにもかかわらず、不良債権としてのカウントがなされていなかったのである。ローンの返済をするよりも、そのお金で割のいいビジネスに投資したほうがいいという事業者もいるほどだ。

銀行もそれをまったく気にしない。実際、私が陣頭指揮をとるまで、当行は不良債権の回収などしたことがなかった。だから、お金を貸せば貸すほど、不良債権が膨らんでいくことになる。他の銀行も同様であり、ミャンマーの銀行はロールオーバーを等閑視し、結果、不良債権が積み重なっていた。

そこにIMFの指導が入り、二〇一七年にミャンマー中央銀行（以下、中銀）は、融資の返済に対して一定のルールを課す通達を発出した。だが、それはミャンマーの実態にそぐわないばかりか、あまりにも突然であったため、金融の現場は大きな混乱に陥ってしまったのである。

専門的な内容だが、大事な教訓を含んでいるので、ここでくわしく説明しておきたい。中銀の通達は、次のようなものである。

・貸出先が当座貸し越しを利用した際は、二週間以内に一旦元本を返済させなければならず、それが不可能な場合は貸し越し枠の翌年度への延長は認められない。つまり、翌年度は当座貸し越しを利用させることはできない。
・上記で当座貸し越しの延長が認められない場合は、その時点の残高を最長三年

以内の約定返済付き長期融資へ切り替えること

・各銀行は当座貸し越しの総額を以下のスケジュールで漸減させること

・二〇一八年七月時点で総貸出残高の五〇％以内にすること

・二〇一九年七月時点で総貸出残高の三〇％以内にすること

・二〇二〇年七月時点で総貸出残高の二〇％以内にすること

上記の「当座貸し越し」とは、事業者が融資を受けた際、利息のみを支払って、融資契約を更新することをいう。先述したように、ミャンマーでは一年までの融資しか認められていなかったため、本来の意味での「当座貸し越し」と「その他設備資金などの借り入れ」が混在し、どちらも当座貸し越しの形式で貸し出されていたのである。そして、三か月に一度銀行へ利息を支払い、年に一度のタイミングで貸し越し枠（融資契約）が更新され続けていた。

このサイクルに問題が起こった。年一回の契約更新時に、利息を払えない事業者が増え始め、銀行はその利息も含めて契約更新後の貸出元本としていった。つまり、事業者の借り入れが雪だるま式に増えていったのである。原因は、銀行が事業者の内容やキャッシュフローなどをまったく確認せずに、担保評価のみで安易に審査を流していたからだろう。

そこに上記のような中銀のメスが入った。当座貸し越しを利用する場合、二週間以内にいったん元本の返済をしないと、以後、融資を持ち越すことができなくなったのである。さらに、総貸出残高に占める当座貸し越しの割合を減らしていくことを求めている。

野放図に膨れ上がる当座貸し越しにブレーキをかけたいという中銀の意図はわかる。だが、各銀行に債務者の実態を調べさせることなく、「一律に」規制強化の通達を出したのは中銀と中銀にアドバイスをした国際機関の拙速な判断だったと思う。せめて民間銀行に意見を聞き、実態をもう少し丁寧に把握すべきだったろう。

事実、この通達によって、銀行の貸し渋りと貸し剥がし、その副作用である預金の敬遠が起こってしまった。これらの副作用として預金敬遠が起こるのは、貸し出しが少なく、預金を受け入れ続けると銀行にとっては逆ザヤになるからである。

中銀の通達がまねいた混乱は、二〇一九年九月末の決算期に非常に深刻なものとなった。というのも、中銀は、期末時点で不良債権比率が五％を超過した場合、株主に対し配当金を支払うことを禁じるという通達も出していたため、各銀行がこぞって貸金回収に走り出したからである。不良債権の計上定義は、利息や元本の支払い期日を九〇日以上経過しても返済がなされない、当該ローンの元本全部及び利息の合計である。期日を過ぎた利息のみならず、元本全体が不良債権に計上されるのであるから、その金額は尋常ではない。現場の実態を理解せず、ＩＭＦの押し付けるグローバル・スタンダードを現場の意見を聞かずに鵜呑みにした中銀の罪は大きかったと思う。

金融の現場は、一触即発の様相を呈していた。各行の不良債権比率は公表されていないので、正確な数値はわからないが、大手銀行では五％どころか、融資の半分以上が不良債権ではないかと言われていたし、私もそれが実態に近いと感じていた。不良債権の回収や貸し渋りや貸し剝がしが発生するのも当然である。

当行でも、二〇一九年前期に融資回収部を立ち上げ、大口不良債権の回収に乗り出した。「去年までは返済しなくてもＯＫだったじゃないか」と逆ギレされたこともあったが、相当の不良債権を回収することができた。ＣＨＩＤＢの不良債権先は、幸いなことに自己資金を持ち合わせており、銀行に返済するよりも別の投資を行う傾向があったのだ。事業が不振で返済ができない類のものは少なかったのである。

私がＣＯＯになってから、この回収チームには、住宅ローンの延滞解消にも守備範囲を広げてもらうことになった。

具体的には、延滞者を個別訪問したり、まとめて集会所に集めたりして、返済計画を出してもらうようにしたのだ。住宅ローンの場合、ミャンマーでは、前述のとおり小規模アパートの区分所有者を登記する法律が現在においても存在しない。担保がない代わりに、返済ができなくなると、住宅から追い出されることになってしまう。それでも、期日に返済しなければいけないという意識は希薄だ。そのため、草の根的に返済を促す活動を続ける必要があったのだ。

昇格・昇給のない組織

当行へ転職するとき、日本政府とは、私の後釜（将来のCEO候補のミャンマー人）を育てたらミッションは終了ということで合意していた。そのためには、人材育成も拡充しなければならない。

当行の職員は、金融に関する教科書的なルールや仕組みはわかっている。だが、いざ現場で融資の審査をする段になると、学んだ知識がまったく活用されていない。

たとえば、相手先の返済計画を把握するためには、エクセルで過去の売上推移や費用の推移を作ることが必要だろう。それがなければ、今後の業績予想について相手に質問することもできない。

ところが、そういう教育はまったく受けていなかった。というより、そもそも返済を気にする必要がなかったため、具体的な返済方法を細かく知らなくてもよかった、というほうが正確だろう。

こうした状況だから、後釜を見つける以前に、職員の教育面でも手当をしなければいけないことが山積みだった。

人事評価もその一つである。前章で述べたように、当行は設立以来、ほとんど昇格・昇給が行われていない。人事評価の制度がないのだから当然である。

あるとき、課長職の人物に「部下の評価はしていないのか」と尋ねたところ、一応やっているという。具体的にどう評価しているのかと質問すると、五段階で評価をしている、という答えが返ってきた。

だが、さらに突っ込んで聞くと、その五段階評価もほとんどフィーリングであり、Aランクの人とCランクの人の違いを尋ねても、明確に説明することができない。

本来、人事評価制度とは、職務に必要な能力やグレードを定め、それにもとづいてメンバー各自を評価するものである。それがなければ、将来の幹部候補になるような人物を発掘することもできない。

一刻もはやく人事評価制度をつくる必要がある。ところが困ったことに、その大役を担うべき人事部長の席が一年以上も空席のままなのだ。応募者はいるものの、なかなか適切な人材が見つからない。

残念な話だが、結局、人事部長の席は埋まらなかったばかりか、頼りにしていた人事課長の女性は二〇二〇年三月に退職することになった。

彼女は挑戦心が強く、さまざまなアイデアや企画を出してくれた。だが、私には人事マターにゴーサインを出す権限がないため、「もう少し待っていて」としか言えなかったことが残念でならない。いつまで経っても改革に着手しようとしない当行に、おそらくモチベーションが切れてしまったのだろう。

役員会はつらいよ

当行の最終的な意思決定機関は役員会である。役員会のメンバーは一八人で、そのメンバーになるためには、当行の株主であることが定められている。これも不思議なルールだが、それ以上に私が首を傾げたのは、意思決定のあり方だった。

何らかの議案について、声の大きい人間がしゃべりだすと、出席者はだいたいその人間に同調してしまうのだ。多数決でもなければ、全会一致でもない。反対意見を尋ねることもしない。会長や副会長、審査委員長などが自身の見解を強く押し出し、出席者を誘導していくのが常だった。

日本人と一緒で、ミャンマー人も上役の顔色をどうしてもうかがってしまう。上が賛成している案件に対して、正面切って反対できる人はいない。

本来、役員会は、賛否どちらもある案件を熟議して調整する会議のはずだ。にもかかわらず、実際の会議では一方の意見しか出てこないのである。

会議に出るたび、「私にもっとミャンマー語の能力があれば」と思うことしきりだった。会議はもっぱらミャンマー語で行われる。赴任以来、ミャンマー語を習ってはいたが、会議で通用するレベルには至っていなかった。そのため、私の横で秘書が英語に訳してくれるのだが、秘書も英語が多少できるという程度で、業務に精通しているわけでもない。結果、役員会が一冊の本だとしたら、秘書から伝えられる部分は本の目次程度の情報量である。つまり、何を話題にしているかはわかる。だが、肝心のロジックまでは通訳が追いついていかないのだ。

ある日の会議では、だんだん私の顔が不機嫌になっていったのだろう、帰宅後に秘書から「今日は何か気分が悪かったのですか?」とSNSでメッセージが届いてしまった。言葉が障害になることは、当行に転職したときからわかっていたので、最初の数回は、第二章で紹介した凄腕通訳者のケッケさんにお願いしていた。

本当は毎回お願いしたかったのだが、引っ張りだこの通訳者なので、時間が合わない。役員会義は毎月一回、最終週の火曜日ということになっていた。しかし、実際に開かれるかどうかは前日になるまで確定しないので、事前にケッケさんに依頼することができないのである。

それでも、役員会の前に案件に関するペーパーが回ってきたのは救いだった。それを理解すれば、だいたいの内容は把握できる。しかも銀行の業務に関する案件であるから、ある程度、どんなことが問題になっているのかという想像も働きやすい。仮に、まったくの異業種だったら、とうてい話についていくことはできなかっただろう。

「飲みニケーション」は案外万能である

二〇一九年一〇月にCOOに着任してからほぼ毎日、日誌をつけるようにした。それを

10月のダディンジュ祝い。
年に一度、お釈迦様が下りてくると信じられているこの時期に、親・先生・上司・その他尊敬する人に感謝を込めてひざまづいて頭を下げるのが習わし。COOであった私のところにも本店各部から続々と集まってくれた。

読み直すと、着任した二〇一九年一〇月以降、部署別慰労会や業績表彰祝賀会について記した文章がかなり多い。

どちらも、私が言い出しっぺで始めたものだ。私のポケットマネーなので、参加費は無料。恐縮して「会費を集めてくれ」と言われたこともあったが、「僕が楽しみたくて開いているだけだから」と言って、お金は一切受け取らなかった。

このCHIDBでは、部署の人間が会して飲食をするような機会はほとんどなかったようだ。開催すると、みんな楽しそうに飲み食いする。かしこまった会ではないので、ふだん、銀行内ではおとなしい人とも話すことができる。

なかには、へべれけになるまでウイスキーを飲み続ける男性職員もいる。誤解のないように言っておくと、私が無理矢理、飲ませているのではない。飲めば、当然口は緩んで、本音モードで話し始める。日本の企業人なら、おなじみの光景かもしれないが、ミャンマーの人たちにとっては、新鮮な体験になったようだし、私にとっても職員とコミュニケーションを深める絶好の機会となった。飲みニケーションは、ミャンマーでも効果てきめんなのだ。

業績表彰祝賀会は、前章で紹介したお試しKPIの上位四支店に対するお祝いとして開催した。ある支店長からは「このような会は初めてで、職員全員のモチベーションアップにつながるのでありがたい」と言ってもらえた。

どんな人も褒められたらうれしいものだ。怒られる場合、素直に聞く人、納得いくまで咀嚼する人、無視する人、逆ギレする人など、反応はさまざまだが、褒められて気分を悪くする人はいない。だから、ホメてもらえるように努力する仕組みが重要なのだ。

戦後、日本が驚異的な復興をなしえたのも、健全な競争原理が働いていたからだろう。隣の家にはテレビや冷蔵庫がある。頑張って働けば、我が家も買うことができるかもしれない。そう思って、当時の日本人はしゃかりきになって働いた。そして、高度経済成長時代は、努力すれば報われることが実感できたのである。

ミャンマー人も同じだ。努力すれば報われることを目に見えるかたちで示せば、俄然やる気を出してくれる。その際に大切なのは、簡単すぎるのでもなく、難しすぎるのでもない目標を設定することである。感覚的にいえば、ふだんの仕事の一二〇％ぐらいの目標がちょうどいい。少し努力すれば手が届く。そうやって小さな成功体験を積み重ねていくことで、仕事に対する自信や手応えを養っていくのである。

ブリッジローンの爆発的増加

当行が数多く手掛けている融資に「ブリッジローン」というものがある。

ブリッジローンとは、つなぎ資金の融資のことだ。たとえば、ある事業者が、地方政府から市の道路の整備事業を受注したとしよう。地方政府は、工事の進捗状況に応じて分割して事業者へ工事代金を支払う。だが、期中に満額を支払うことはなく、工事後に支払う額がいちばん大きい。

したがって、事業者は、工事期間中、つなぎの運転資金が必要となる。その資金を融資するのがブリッジローンである。

以上の仕組みからわかるように、ブリッジローンは自治体の工事に伴って発生するものだ。道路工事、学校建設、刑務所建設、病院建設、橋の新設、公務員宿舎など、さまざまな工事が地方政府により実施される。そして、各自治体の担当部門の入札によって民間事業者へ委託されるわけだ。

このブリッジローンに関しては、銀行は無担保で民間業者に融資する。政府の事業であることに加え、政府から業者への支払いサイクルは一年〜一年半と短いので、不良債権に陥るリスクが低いからである。そして、建設省の傘下である当行は、ミャンマーのインフラ発展のために、ブリッジローンには他行よりも有利な条件で貸し出していた。それもあって、私がCOOに着任したあたりから、申し込み件数が爆発的に増加したのだ。

ところが、年が明けた二〇二〇年三月、一昨年度（二〇一八年四月〜二〇一九年三月）に実行した融資のうち、数十件が不良債権になっている事案が発覚した。どの案件も、地方政府から事業者へは全額支払いが済んでいるにもかかわらず、だ。

なかでも教育省がらみの案件が突出して多い。そこで審査部に詳細を調べてもらったところ、教育省にある三つの局のうち「初等教育局」の案件が、ほぼ一〇〇％不良債権になっていることがわかった。

さらに審査部の報告によれば、同局の職員は、教師出身者が多く、会計に疎い者が多いことに加え、みな銀行の事務に関わりたがらないという。その結果、本来であれば、支払期日については、自治体と銀行支店長とが連携するところを、初等教育局に限ってはまったくそれがなかった。そのため、事業者が資金を受領したにもかかわらず、銀行に返済せず他に流用してしまうことが頻繁に起きていたのだ。

以後、初等教育局がからむ案件については、審査基準を厳しくするようにしたのは言うまでもない。歓迎されざる事案だが、この発見は勉強になった。行員にとっても、生きたケーススタディになったようだ。初等教育局には他局と比べて差別と捉えられないように細心の注意が必要ではあったが、それへの対処も含めて行員の教育ができたと思う。

コロナ禍の影響

当時の日誌を見返すと、私の仕事の範囲は多岐にわたっていたことがよくわかる。

ある日は、亡くなった方の預金の引き出しに対応し、別の日はインフラローンの視察に出かける。不良債権の処理に、日本からのＯＤＡの手続きのフォローアップ。お試し版の

ＫＰＩを終えて、より詳細なＫＰＩをつくることも大事なミッションだった。中期経営計画の練り直しも続いていた。

一つひとつを細かく解説していたら、いくらページ数があっても足りなくなる。それに、あまりに専門的な話は読者にとっても退屈だろう。

だが、二〇二〇年三月二四日の出来事は省略することができない。前日深夜、ミャンマー保険・スポーツ省から、とうとう二名のコロナウイルス検査陽性の結果が発表されたのだ。

それを受けて、二四日、当行はＢＣＰ（Business Continuity Plan、事業継続計画）を発動した。すでに前週の時点で、ミャンマー中銀から全銀行に対し、ＢＣＰを策定し、二五日までに提出することを義務付ける通達が出ていた。当行もその準備をしていたが、提出期限前に実行に移すことにしたのだ。

具体的には、二四日、朝一番で本店幹部・職員約二〇名による緊急会議を開催して、発動するとともに、各自の役割分担の打ち合わせを行った。

職員の二交代制出勤、通勤バスのスケジュール変更、オンライン会議の導入などがその概略だが、私からは「パニックモードにならないように注意すること」と「中銀との連携を密にして、資金流動性の確保に留意すること」を伝えた。同時にBCPに加えてコロナ対策も策定した。総務部長がその総責任者になり細々とルールが決められた。しかし、残念なことにCHIDBで最初にコロナ感染症で亡くなられたのはその彼であった。私より僅か数歳年上であり、中期経営計画策定時も機関車のように頑張ってもらったのでショックは大きかった。彼がコロナに感染してわずか三日後のことで、心にポッカリと穴が開いてしまったようであった。

突然の帰国と権限移譲

その一週間後、私は急遽、帰国を余儀なくされることになった。ミャンマーでのコロナ感染者が増加する懸念があり、日本大使館からもミャンマーに滞在する日本人に対し、一時帰国の検討が発せられたからである。

さて、これからどうするか。ミャンマーへの再入国者は全員、たとえ何の症状がなくても、ミャンマー政府が指定する施設で二週間は隔離生活を送らなければならない。事実上、すぐには入国できないということだ。加えて、私のビジネスビザの有効期限が切れてしまったが、ミャンマー政府は、コロナ対策の一環として、四月三〇日まではすべてのビザの発券をストップしていた。つまり、私がいつミャンマーに戻れるのか、この時点ではまったく未定になってしまったのだ。

帰国後、さっそくスカイプで現地とコミュニケーションができるかどうかを試してみたが、予想通り回線が弱く、満足のいく会話は厳しい状況だった。また、通常の融資決裁に関する手続きは、当初、電子メールでやりとりすることを検討していたが、その場にいないと正確な意思疎通は困難であると判断し、私がミャンマーを離れている間は、私の権限を副ＣＯＯに移譲することにして了承を得た。副ＣＯＯである彼女はもともと国営外国貿易銀行で働いていた。当行へ転職後、国際部門（と言っても六名程度の小所帯であったが）の部長を務め、手際の良さや実力が評価されて前年一〇月に副ＣＯＯに昇格した人物で、私の留守をしっかりと守ってくれると考え、副会長に相談のうえで権限移譲を行ったのだ。

日本にいる間は、無職に近くなる。だが、「要らない仕事を新たにつくってしまう」ことは一切しないでおこうと思った。現場が危機対応を強いられているなか、新たな仕事のためにキャパ不足を誘引してしまい、本来の業務に支障をきたすのでは本末転倒だ。

離れてはいるが、ＣＨＩＤＢでの仕事がなくなったわけではない。

進むデジタル化

回線テストのときは不安を感じたものの、それ以降、通信状況は急速に改善し、さまざまな業務でデジタル化が整備されていった。

三密を避けるため、会議は各人が執務室からスカイプに接続し、そこに自宅勤務者がオンラインで加わる方式を取るようになった。これを午前と午後、一日二回実施し、回数を重ねるごとに、コミュニケーションもスムーズになっていくのを感じた。

二〇二〇年四月、業務でも画期的な進化があった。グーグルドキュメントを使用したファイルの共同使用である。全員がオンライン上で同じドキュメントにコメントや加除修正が行えるレベルになったのである。従来、紙ベースで処理していた融資審査を電子化するプロジェクトが進められていたが、その際の事務規定や契約書・手順書などがこの共同作業で進められた。

ちなみにミャンマーの地場銀行で、融資審査をデジタル化できれば、当行が初めてとなる予定であった。

私が初出張でミャンマーに来た二〇一三年当時、ヤンゴンでも野外ではインターネットに接続できず、庶民は電話機すら持っておらず、固定電話を持っている人が屋台の上に電話機を置き、そこに電話をかけて、通話をしたい近所の相手を呼んできてもらっていたのが、瞬く間にインターネットは4Gとなり、一人複数台のスマホを持つ時代になった。「別々の場所にいる人が、会話をしながら同じファイルを編集できる」などは、ドラえもんの世界のように思えたが、すでに現実となった。モバイルバンキングなどは、ある意味で日本よりも進んでいる。

銀行ではセキュリティの問題から、在宅勤務に踏み出すことが難しかったが、コロナ禍によって、リモートワークを進めざるを得なくなったのは日本もミャンマーも同じである。そして、リモートでのコミュニケーションが常態化すれば、業務システムもそれに合わせて変革していかなければならない。

今回のファイル共有システムは、その第一歩となる出来事だろう。

人間関係は難しい

二〇二〇年四月、ミャンマー中銀の利下げ、政府が発表した経済救済プランに記載されている不良債権処理会社の検討開始など、コロナ禍のなかでは日々めまぐるしく外部環境も変化していく。それにキャッチアップしながら、当行自身もイレギュラーな事態に対応を迫られる日々が続いていった。

二〇二〇年七月、住宅ローン事業部のヘッドから、コロナとは関係のない相談が私のもとへ舞い込んだ。スカイプで面談したところ、「人間関係の衝突」に困っており、部員総勢一四名のうち六名が、一斉に配置替えの要望を人事部へ提出したという。

寝耳に水である。住宅ローン事業部にいったい何が起こったのか。

ヘッドの語るところでは、彼が部員に対して不公平な接し方をしていると思われているとのこと。つまり、六人の部員は、ヘッドのえこひいきに我慢できなくなり、一斉に配置換えを要望したというのだ。

だが、そのような不公平な対応をしているという認識は彼にはまったくない。

職場の悩みの多くが人間関係に起因するのは、日本もミャンマーも同じである。

彼には「対応を誤らないようにするには、自分が中立かつ冷静になることだ」とアドバイスをした。とはいえ、単にやり過ごすだけでは事態が改善しないので、「よい仲裁人」を見つけることが大事である。そこで、「住宅ローン事業部の直属の上司は副ＣＯＯであるから、まず彼女に相談をして、最終的にＣＦＯ（最高財務責任者）に仲裁人になってもらうのがいいのではないか」と伝えた。

副ＣＯＯとの相談の後、ＣＦＯに仲裁を仰ぐことを提案したのは理由がある。副ＣＯＯは、将来の幹部候補で仕事もよくできる。だが、行内には彼女をよく思っていない職員もいると、以前秘書から聞かされたことがあった。それが本当なら、彼女がこの件で前面に出てしまうと、余計にこじれる懸念がある。そこで、最終的な仲裁者にはＣＦＯが適任と私は判断したのである。

ＣＦＯはもともと建設省の会計局から当行へ異動してきた古株で、職員からの信頼も厚い女性だ。住宅ローン事業部は彼女の直轄ではないが、きっとうまい落とし所を見つけてくれるはずと期待していた。

だが、結果的には先の六人は住宅ローン事業部を離れ、他部署へ行ったり転職したりしてしまった。人間関係のマネジメントは難しい。下手に介入しすぎると、事態を悪化させかねない。今回の問題以外でも、しばしば人間関係の風評が私の耳に入ってきたが、大事に至らないかぎりは触らないようにしていた。たいていの場合、それで自然鎮火するのだが、今回はそうはいかなかった。

オンライン教師事始め

融資案件の審査では、申し込み顧客のキャッシュフローや財務内容を精査して判断しなければいけないことは、事あるごとに職員たちに伝えてきたつもりだった。だが、なかなか染み付いた担保主義は変わらない。

ある道路建設に関して、借入期間三年・一五億チャット（日本円で一・二億円程度）という申し込みがあった。受け付けたインフラストラクチャー部は、担保がないので、どう判断していいかわからない。工事の委託元である道路局や地元の建設業協会は、建設を推し進めようとしてプレッシャーをかけてくる。

このままではまずい。私は同部に、このプロジェクトが完成したら、そこからどのくらいの収入が入り、逆にオペレーションに必要な経費はいくらかかるのかをエクセルシートで作るように頼んだ。そうすれば、返済に回せるキャッシュフローを予測することができる。結果は、「三年間での返済は無理」というものだった。

申し込み事業者も、このロジックに反論できるだけの材料はなく、融資は取り下げの方向で進めることになった。顧客は顧客で、自分が返済できるかどうかを考えずに融資を申し込む。受け付けた銀行も、返済できるかどうかを考えずに実行してしまうのがミャンマー金融界では多い。これでは、いつまでたっても不良債権が積み重なるばかりだ。

実務でその都度、教えていくことは重要だが、ここは一度基礎的なことを、私の管轄下の部長クラスに教えておく必要がある。そう思い、二〇二〇年八月から私は、行内で自主的にオンライン・セミナーを開講した。具体的には、財務諸表やファイナンスの基本的な知識について、毎日、講義してミニテストを実施したのである。

セミナーは好きな時間に視聴ができるように、動画を作成し、行内の共有サイトに専用コーナーを設け、視聴した後はクイズにチャレンジ。翌日にその解答と次の動画・クイズをアップロードするという流れである。

といっても、私も帰国してからリモートワークを始めたばかりである。動画収録などしたこともない。結局、一日の大半を、セミナー動画作りに割くことになった。一〇分程度の動画でも内容を考えたり、適切な英語表現を考えたりすると一時間半はかかる。録画して間違えたらやり直し。それを一日に二つつくるので、あっという間に時間が過ぎていくのだ。収録用のマイク・照明などを次々と購入した。即席のユーチューバーになった気分である。

COO解任

一時帰国してはや半年が経過。二〇二〇年一〇月九日の役員会で、私のCOO解任が決まった。現場で陣頭指揮がとれない以上、やむをえないことである。

COO職には、当然のことながら給与が支払われる。帰国してからは、実務を行っていないことから、私は給与の受け取りを固辞してきた。COOなのに、給与を支払わないというのは、銀行側としても腰のすわりが悪かったのだろう。

この日から、私の肩書きは、無給の「スペシャル・アドバイザー」に変わった。後任のCOOが任命されるまで、これまで同様にチーム運営は続けるので、仕事を失ったわけではない。私自身も、コロナが収束したら再びミャンマーに戻る心づもりでいたし、それを見越して日本でできるかぎりの業務に携わっていた。それは銀行側にも伝わっていた。実際、三月には戻る予定になっていたのだ。

ところが、コロナ騒ぎどころではない事件がミャンマーに起きてしまった。二〇二一年二月一日のクーデターである。私の計画はすべて吹っ飛んだ。いや、それどころか、民主化のもとでようやく形をなしてきたミャンマー金融全体がご破算の危機に瀕することになった。

終章

クーデターの傷跡

待ち受ける金融破綻

二〇二〇年一一月に実施され、またもやスーチー氏率いるＮＬＤが圧勝した総選挙の結果に不満と不服を募らせた国軍によるクーデターは、想像以上に複雑化し市民を混乱に陥れただけでなく、国際社会からも痛烈な批判をまねいている。

正直なことを言えば、クーデターをニュースで知った時点では、おおごとになるとは思っていなかった。しかし、一週間経っても収束しない。市民はクーデターに反発してデモを始めた。当初は平和的にデモ行進などが行われていたが、国軍による無差別発砲による死者が市民から出て以降、事態は悪化した。公務員も含めた職場放棄は中央銀行（以下、中銀）にも広がり、ミャンマーの地場銀行も窓口を閉めた。経済活動が停止してしまったのである。

クーデターが起きてから、銀行と連絡は取っていない。私は日本政府から派遣されて、ＣＨＩＤＢに着任している。クーデターが起きてから、日本政府はミャンマーに対する支援活動を継続するかどうかを判断しかねている。そういう状況では、私も軽率にミャンマーとコンタクトを取ることはできないのだ。

この原稿を書いている二〇二一年一〇月時点でも、まだミャンマー情勢の先行きは不透明である。ただ、混乱が長引けば長引くほど、これまで築いた金融システムが機能しなくなっていくだろう。

第一章で説明したように、銀行の最大の役割は信用創造にある。だが、民主化以前のミャンマーでは、国民が銀行や通貨を信用していなかったため、信用創造が起こらなかった。現在のミャンマーも、このままだと民主化以前の状態に逆戻りしてしまう。というのも、クーデター以来、国民は将来不安から預金を引き出す一方だからだ。そのまま放置しては、銀行に現金が不足してしまう。そこで中銀は引き出し制限を設けて、銀行の現金不足をなんとか食い止めようとする。民間銀行は、預金の引き出しに対応するためには、融資しているお金を回収する必要がある。しかし、経済が回っていない状況で、事業者が返済できるわけがない。そうなると、いくら中銀が引き出し制限をしたところで、現金は枯渇していく一方となり、最後には銀行破綻、金融破綻が待ち受けている。

クーデターで失ったものの大きさ

私たち日本人は、金融システムが安定した世界に慣れきってしまっているが、金融機関が機能していない社会で、「お金を回す」ことは簡単ではない。ミャンマーの場合、民主化がきっかけとなって、ようやくお金が動き始めた。

　外国からの投資や援助が集まり、内需や外需が活発になる。それに伴って、さまざまな事業者に資金需要が生まれることで、信用創造が始まっていくのだ。しかし、クーデター勃発後の欧米による経済制裁で外国投資は激減してしまった。加えて、ミャンマーは常に貿易赤字、つまり輸出高よりも生活必需品・工業製品・ガソリンなどの輸入が多い構造になっており、月を追うごとに手持ちの外貨が流出している。このような対外決済用の外貨が枯渇すれば経済破綻を引き起こすことになる。これに対して政府・中銀がとった措置は、数少ない輸出商に対し、貿易で得られた外貨を速やかにミャンマーチャットへと両替することを義務付けることだった。輸出商は、従来四か月以内であったミャンマーチャットへの両替を三〇日以内にしなければならなくなった。つまり、民間が外貨を保有することを実質的に禁止したのである。

　一国の経済が発展していく段階では、事業を拡大したい、事業を興したい人に、資金をスムーズに供給する仕組みが必要になる。私がミャンマーでつくってきた仕組みが、まさにそれだった。

　中小企業がお金を借りやすいように、融資に信用保証をつけて、小さいビジネスモデルをたくさん育てる。公共事業やインフラ建設が速やかに進むように融資の制度を整える。CHIDBでは、個人向けの住宅ローンのしくみを作ったが、それもまた建設需要の創造と結びついている。

幸運なことに、私はその渦中に身をおきながら、経済がゼロから発展する様子を肌で感じ取ることができた。

だが、今回のクーデターにより、この数年の取り組みは水泡に帰してしまうかもしれない。民主化以来、援助を続けてきた海外諸国からの信用も失ってしまった。

とりわけ日本は、ODAによる援助以外にも、マネーロンダリング対策を支援して、ミャンマーが国際的な信用基準を満たすことにも力を注いでいた。というのも、ミャンマーはブラックリストに入るかどうかの瀬戸際にあったからだ。

今回のクーデターは、そうやってつくりあげてきた海外諸国との信頼関係を破壊するものであり、国際社会に対してミャンマーが失ったものはあまりに大きい。その影響は、一〇年単位に及ぶだろう。

さらに、現在の軍政は国民からまったく信頼されていない。そういう状況で、国家を動かすさまざまな仕組みが機能するはずがないのだ。

復興を信じて

二〇一三年からの自分の活動を振り返ると、いまは悔しい気持ちでいっぱいだ。

だが、どれだけ時間がかかっても、いつかは民主化が再起動することを信じたい。そのときは、金融システムもまた構築し直すことになるだろう。

本書で綴ってきたように、その道筋は順風満帆に進むものではない。だが、二〇一三年からのミャンマー金融の足取りを記録しておくことは、来たるべき復興の一助にはなるかもしれない。また、私と同じような立場で、ミャンマーに降り立つ日本人の支えにもなってくれるなら、それに勝る喜びはない。

ミャンマーにかぎらず、他国の組織で働く人たちには、つねに文化の違いを意識することを伝えておきたい。日本のやり方に慣れているからといって、それを押し付けても決してうまくはいかない。

ミャンマーで働いて、しばしば驚かされたことがある。三つの事例を挙げておこう。

1　アパートの建設が完了していないにもかかわらず、住宅ローンを実行してしまった結果、借入人はアパートが完成するまでは従前の借家に住み続けねばならず、その家賃とローンの返済の二重支払いが発生した。工事業者をしっかり管理していなかった建設省に責任があるが、従業員は「役人気取り」で市民に謝罪しない。

2　コロナ禍でアパート建設が遅れているにもかかわらず、建設省・CHIDBは年度予算消化を理由に、約一〇〇名に対してアパート購入のためのローンを実行した。結果、右記1と同様に顧客はローンを借り入れたにもかかわらず、自宅に入居できない。さらに、このアパートのおよそ五〇部屋を急遽、コロナ感染者宿泊療養所とすることをスポーツ・保険省が決定した。その部屋をローンで購入した人は、ローンの返済が始まるのに、入居の目途が立たなくなってしまった。

3　住宅ローンを実行するには、各借入人とローンの契約書を締結（本人の署名など）する必要があるが、手続きの時間がないことを理由にCHIDBの某支店長が独断で、「契約書なし実行」を行ってしまった。運悪く、その直後から水かけ祭りに入ってしまい、契約書締結・回収までに相当の時間を要してしまった。

1の事例から見えるのは、建設省は下請け工事の管理能力が低いこと、下請けのミスは建設省には関係ないと考えていることに問題がある。また、これに気が付いたCHIDBの現場の支店長も借入人（＝顧客）の事情を考えず、二重支払いの苦しみが想像できなかった点も問題である。私は、たまたまこのことを支店訪問時に発見し、建設省に対して、業者を変えて工事を急がせることを厳しく申し入れた。また、建設省に成り代わり全てのお客様に謝罪に伺い、事態収拾を行った。

2の事例では、公務員の「予算ご都合主義」であると関係者・関係機関に厳しく叱責し、このスキームを運営するJICAにも報告した。あわせて、入居できない期間のローン金利を全額免除すること、コロナ感染症対策として使用される部屋については、入居できる見込みの時期が不明のため、ローン取引・売買取引を取り消すことを役員会で決定させた。

3の事例については、現場の支店長に、事務手続きの重要性とそれが必要な理由をあらためて説明するとともに、契約書の締結状況を毎日二回報告させるようにした。仮に契約書なしでローンを借りた人が将来債務を否認したら、銀行側は回収不能になってしまうのだ。最終的には三〇名のうち、二九名が契約書を整えたが、一名についてはローンを取りやめたいと申し出があり、別の顧客にスイッチした。

私は、ＣＨＩＤＢのＣＯＯ職にいる際、めったに職員などを怒ることはしなかったが、結果が満足いくものではないといったことについては、その改善策をともに考える立場に徹したが、右記のように、明らかに顧客無視・故意のルール違反については厳しく叱責した。こういったことは常に現場で働くＣＯＯであったからこそ見つけられたことであり、私がなぜ怒っているかは彼らにも伝わったと思う。

他国の文化をよく理解し、現地の人たちのニーズに寄り添うことは重要なことではある。しかしながら、こえてはならない一線や道に外れたことについては、絶対に見過ごさないことを忘れないようにしてほしい。

クーデター後の混乱収束が見通せず、ＪＩＣＡの新規支援は中止となった。私のＯＤＡ関連活動も二〇二一年九月末でいったん終了となった。しかし、将来また同様の支援活動が再開する際には、ここに書き留めたことが役に立つならありがたい。

たまたま手にとった『トングー・ロード』（岩波新書）という本がある。私が生まれる前の一九六三年に発刊され、現在は絶版になっている。同書は、ミャンマーでの発電所ダムの通路をＯＤＡ事業として建設するために派遣された日本人が、現地でミャンマー人と過ごした日々を綴ったものだ。その著者が「自分が当事者となり、現地の人と一緒に頑張る」ことが何より重要であると強調していることが印象に残った。

多くの先進国の人間がさまざまなＯＤＡに関与しているが、日本人が関与する事業は、設備建設や事業そのもののアウトプットに加え、「人を育てる」ことも柱の一つであると昔から位置付けられていたようだ。同様のことは、日本人中銀マンとしてアフリカ・ルワンダで活躍した服部正也氏の『ルワンダ中央銀行総裁日記』でもたびたび指摘されている。

私もまた両先輩と同じ思いで、ミャンマーでの業務を続けてきた。今後はいったんＯＤＡからは離れて民間分野で自身を鍛え直すつもりである。しかし、将来またなんらかのかたちで関与できればと思い、ＪＩＣＡや政府関係機関の方との情報交換などは継続していきたい。

最後に、今回のクーデターで犠牲になった人々の冥福を心から祈りたい。いかなる理由であれ、国軍が市民に銃を向けることなど、断じて許されるはずがない。国軍が自らの暴挙を改め、ミャンマー国民に謝罪しないかぎり、国民からの信頼回復は難しいだろう。一刻もはやく、再び民主化路線に復帰することを願っている。

上座部仏教が根づいているミャンマーでは、人々は輪廻転生を信じている。犠牲になった一〇〇〇人を超える尊い命が、次に生まれ変わったときは幸福な人生を歩めますように。

おわりに

人の運命というのはまったく予想のつかないことばかり起こりうる。

高校時代にはバイオテクノロジーという言葉がもてはやされ、私は神戸大学農学部へ進学した。農学部では害虫対策や疫学を学び、将来はメーカーの研究職に就くつもりであった。

大学四年生で卒論に取り掛かっていた時期のことである。研究対象として飼育していた蜂が全滅してしまった。原因は良くわからないが、おそらく飼育器の温度設定を間違ったのだろう。卒論の最終段階で「結論」に導く研究ができなくなった。それでも教授は、それまでのプロセスを評価してくれたので、何とか卒業することができた。私は研究職への進路をあきらめ、当時入部していた自動車部の大先輩を頼って就活を始めた。その先輩は太陽神戸銀行に勤務していた。

先輩の話を聞くうちに、銀行で頑張りたいという気持ちが強くなり、太陽神戸三井銀行(現・三井住友銀行)へ入行した。一九九一年の出来事である。私はもっぱら理系の知識しか持ち合わせていなかったので、社会・経済系を卒業した同期行員とはスタート時点で大きく水をあけられていた。「公定歩合」や「日本銀行の役目」「短期プライムレート」などの言葉も知らなかった。しかし、かえってそのことが良かったのかもしれない。すべての業務や経済の基礎知識もなかった私は、所かまわず先輩や上司を質問攻めにし、入行三年目にやっと一人前の「新入行員」として扱われるようになった。今でこそインターネットでわからないことを「簡単に」「素早く」かつ「誰にも知られずに」調べることができるが、当時、コンピュータなどは一般市民には無縁の存在であったから、恥を忍んで教えてもらうということに気後れしないことが私の武器であったように思う。

銀行員時代はなんとか無難に仕事をしていたが、「英語力」を身につけることの重要性をTVドラマで認識させられた。それがミャンマー行きのきっかけになったことは事実である。

ミャンマーでのミッションも紆余曲折の連続であった。「日本政府・JICAでの優先順位の変更」「外国銀行への突然のライセンス開放通知」「ミャンマー政権交代」「門間氏との出会い」「さまざまなミャンマー人との数珠つなぎ」「アジア開発銀行とのめぐり逢い」「コロナ」「国軍のクーデター」は私の人生を大きく変えたターニングポイントの出来事である。これらはどれ一つとしても欠けてはならないピースであり、仮に一つでも欠けていたら今と違った人生を歩んでいたことであろう。

個人的な過去においては大学時代にもし「蜂」が全滅していなければ私は銀行に就職することもなかったのであるし、オバマ元大統領とスーチー氏の面談の様子をＴＶで見なければミャンマーに関心を寄せることもなかっただろう。

このように自分で変えられないことや、自分で引き起こせない事象によって人生は進んでいることにあらためて気づかされる。

この原稿を書いている現在は、ご縁があり住友林業株式会社に籍を置き、世界中のさまざまな案件に触れる業務についている。

振り返ると、私の場合、アクシデントも結果的に「良い方向」へ向かってきたように感じるが、多くのミャンマー人はそうでない。せっかく見えた明るい未来が一瞬の出来事で奪われてしまったのである。本来、市民を守るはずの国軍が市民を銃殺することは理解できない。しかし、国軍側の人々は逆にそれを正義と考えている。正義の定義が立場によって真逆に解釈されるのである。このような立場の違いによる紛争はミャンマーだけでなく、世界中のあらゆる地域で勃発している。

法や規則を守るということはどういうことか。たとえば、道路の交差点を例に考えてみる。自分の対面が青信号ならドライバーである自分は安心して進むであろう。その背景には、自分と交差する側の信号は赤信号で、そこにいるドライバーは止まってくれるであろうと信頼しているから自分は安心して進むことができるのではないだろうか。また、逆に、自分の対面が赤信号なら自分は止まる。この際は、自分の後ろについている車も止まってくれて自分に追突しないと信じているから安心して止まることができるのではないだろうか。

このように考えると、法や規則が存在するだけでは意味がなく、それらを遵守できる運営体が成熟していることが重要なのである。それには、「この規則はなぜ必要か?」「どのように守ればよいか?」「今現在も必要か?」「時代遅れではないか?」など常に考えられる仕組みが必要だ。単に先進国がやっているからでは理屈として通らないことは本文を通じて述べたつもりである。

かくいう自分もこのように考えられるようになったのはミャンマー・プロジェクトに携わってからである。このような機会を与えて頂いた三井住友銀行や日本政府関係者・JICAの方々、具体的アドバイスを頂いた私のメンターである門間大吉氏、ミャンマー中銀の田中克氏（田中氏はこのＩＭＦのミッションの後、ＪＩＣＡプログラムとしてウクライナ財務大臣アドバイザーとして現在活躍中）、ミャンマーでの住宅ローンプロジェクトを支えて下さった日本建築センターの橋本公博理事長、ＣＨＩＤＢ着任前に多岐にわたるアドバイスを頂いた青山学院大学の大垣尚司教授には感謝のしようもない。また、私がミャンマーでの六年間の単身赴任を支えてくれた家族にはジェットコースターのような生活を強いてしまったと反省している。そして、ミャンマーの方々には実にたくさんのことを教わった。特にＣＢ銀行の元中銀職員女性には二回も助けられた。彼女のおかげで信用保証協会法はミャンマー法制局へ提出されたものの審議が進まず、今回のクーデターで案件そのものが消失してしまった上、この女性も二〇二一年七月に帰らぬ人となってしまったのは決して運命の悪戯とかたづけられないものである。ミャンマー中を訪問した際、私が日本人ということだけで全幅の信頼を寄せてくれて、ふだん話さないようなことも聞くことができた。私は政治家ではないので、二国間の歴史や情勢に踏み込むことはできないが、過去から脈々と続く活動や対話がこのような関係を築きあげたものと理解している。自分の活動がこのような信頼関係を継続させる一助になっていると願いたい。ミャンマーの未成熟な金融で信用創造をほぼゼロから構築することは大変だったが、それにもまして、ミャンマーに行ったこともない私自身のゼロからの信用を現地で認めてもらえるようになったことはかけがえのない財産としたい。

一部の国には「内政不干渉」を理由にミャンマーを放置するような動きが見て取れるが、それらの行為は「内政不干渉という内政干渉」なのではないだろうか。なぜ、内政に干渉してはならないのだろうか。その意味をいま一度考える時期に世界中がさしかかっているのではないか。

私のミャンマー金融に関する「卒業論文」は大学の卒業論文同様、またもや未完成に終わってしまった。ミャンマー市民には謝罪のしようもないが、いつか別のかたちで恩返しができることを信じてやまない。

河出新書 044

ミャンマー金融道

ゼロから「信用」をつくった日本人銀行員の3105日

二〇二一年一二月二〇日 初版印刷
二〇二一年一二月三〇日 初版発行

著者 泉賢一
発行者 小野寺優
発行所 株式会社河出書房新社
〒一五一－〇〇五一 東京都渋谷区千駄ヶ谷二－三二－二
電話 〇三－三四〇四－一二〇一［営業］／〇三－三四〇四－八六一一［編集］
https://www.kawade.co.jp/

マーク tupera tupera
装幀 木庭貴信（オクターヴ）
印刷・製本 中央精版印刷株式会社

Printed in Japan ISBN978-4-309-63146-2

「学校」をつくり直す

苫野一徳
Tomano Ittoku

「みんな一緒に」「みんなで同じことを」は、
もう終わり。
未来の社会をつくる子どもを育てる
学校が変わるために、私たちには何ができるだろうか。
数多の"現場"に携わる、
教育学者による渾身の提言!

ISBN978-4-309-63105-9

河出新書
005